就公民社会
论宗教的本质与特性

编委会(以姓氏笔画为序)

刘训练　孙向晨　任军锋
吴　飞　李　猛　林　晖
崇　明　渠敬东　黄　韬

就公民社会
论宗教的本质与特性

［德］萨缪尔·普芬道夫 著　俞沂暄 译

上海三联书店

总　序

　　λόγος 和 πόλις 是古代希腊人理解人的自然的两个出发点。人要活着，就必须生活在一个共同体中；在共同体中，人不仅能活下来，还能活得好；而在所有共同体中，城邦最重要，因为城邦规定的不是一时的好处，而是人整个生活的好坏；人只有在城邦这个政治共同体中才有可能成全人的天性。在这个意义上，人是政治的动物。然而，所有人天性上都想要知道，学习对他们来说是最快乐的事情；所以，人要活得好，不仅要过得好，还要看到这种好；人要知道他的生活是不是好的，为什么是好的，要讲出好的道理；于是，政治共同体对人的整个生活的规定，必然指向这种生活方式的根基和目的，要求理解包括人在内的整个自然秩序的本原。在这个意义上，人是讲理的动物。自从古代希腊以来，人生活的基本共同体经历了从"城邦"（πόλις）到"社会"（societas）与现代"国家"（stato）的不同形式；伴随这种转变，人理解和表达自身生活的理性也先后面对"自然"（φύσις）、"上帝"（deus）与"我思"（cogito）的不同困难。然而，思想与社会，作为人的根本处境的双重规定，始终是人的幸福生活不可逃避的问题。

　　不过，在希腊人看来，人的这种命运，并非所有人的命运。野蛮人，不仅没有真正意义上的政治共同体，更重要的是，他们不能正确地说话，讲不出他们生活的道理。政治和理性作为人的处境的双重规定，通过特殊的政治生活与其道理之间的内在关联和微妙张力，恰恰构成了西方传统的根本动力，是西方的历史命运。当西方的历史命运成为现代性的传统，这个共同体为自己生活讲出的道理，逐渐要求越来越多的社会在它的道理面前衡量他们生活的好坏。幻想包容越来越多的社会的思想，注定是越来越少的生活。在将越来越多的生活变成尾随者时，自身也成了尾随者。西方的现代性传统，在思想和社会上，面临着摧毁自身传统的危险。现代中国在思想和社会上的困境，正是现代性的根本问题。

对于中国人来说，现代性的处境意味着我们必须正视渗透在我们自己的思想与社会中的这一西方历史命运。现代中国人的生活同时担负着西方历史命运的外来危险和自身历史传统的内在困难。一旦我们惧怕正视自己的命运带来的不安，到别人的命运中去寻求安全，或者当我们躲进自己的历史，回避我们的现在要面对的危险，听不见自己传统令人困扰的问题，在我们手中，两个传统就同时荒废了。社会敌视思想，思想藐视社会，好还是不好，成了我们活着无法面对的问题。如果我们不想尾随西方的历史命运，让它成为我们的未来，我们就必须让它成为我们造就自己历史命运的传统；如果我们不想窒息自身的历史传统，让它只停留在我们的过去，我们就需要借助另一个传统，思考我们自身的困难，面对我们现在的危机，从而造就中国人的历史命运。

"维天之命，於穆不已。"任何活的思想，都必定是在这个社会的生活中仍然活着的，仍然说话的传统。《思想与社会》丛书的使命，就是召唤我们的两个传统，让它们重新开口说话，用我们的话来说，面对我们说话，为我们说话。传统是希腊的鬼魂，要靠活的血来喂养，才能说话。否则海伦的美也不过是沉默的幻影。而中国思想的任务，就是用我们的血气，滋养我们的传统，让它们重新讲出我们生活的道理。"终始惟一，时乃日新。"只有日新的传统，才有止于至善的生活。《思想与社会》丛书，是正在形成的现代中国传统的一部分，它要造就活的思想，和活着的中国人一起思考，为什么中国人的生活是好的生活。

本书可作为作者另一著作
《人的全部责任》的附录

英文本编者导言

西蒙妮·苏布钦(Simone Zurbuchen)[1]

一

约翰·洛克的《关于宗教宽容的书信》,最早于 1689 年发表了拉丁文本,这在宗教宽容的历史上,被广泛公认为奠基性的文本。洛克通常被认为是最早对宗教宽容的"现代"概念进行辩护的人之一。这一看法的基础是,宗教宽容的"传统"和"现代"原则之间有着基本的区分。"传统的"原则把宗教宽容看作统治者赐予个人或群体的权利或特殊优待。按照这种理解,不是说宗教宽容本身是好的,而是把它作为一种克服宗教异议的临时手段。最终的目的仍然是不同宗教或教派的重新统一。宗教宽容的"现代"原则以向宗教自由或信仰自由的转变为标志。根据这种观点,自由是一种应得的权利,其存在并不依赖某个授予特权的机构。对宗教宽容以自由为基础的理解,相当于一种对宗教异议的原则性辩护,它意味着宗教差异是永久而不可根除的。[2]

尽管洛克《关于宗教宽容的书信》在宗教宽容的历史上标志着一个重要阶段,但它决非是独一无二的,[3]而只是 1685 年法国废除《南特

---

① Simone Zurbuchen 当前在波茨坦的欧洲启蒙研究中心工作。她的 *Zur Geschichte des Toleranzbegriffs von Samuel Pufendorf bis Jean-Jacques Rousseau*(1991)是关于普芬道夫宗教宽容和教会-国家关系的现代杰出著作,被译成多种文字。她还为《剑桥十八世纪哲学史》(即将出版)撰写了关于宗教和社会的重要章节。

② 关于宗教宽容的"传统"和"现代"原则,参见 Mario Turchetti, "Religious Concord and Political Tolerance in Sixteenth-and Seventeenth-Century France,"*Sixteenth Century Journal* 21 (1991):15 – 25. *Difference and Dissent*: *Theories of Tolerance in Medieval and Early Modern Europe*, ed. Cary J. Nederman and John C. Laursen (Lanham, MD.: Rowman & Littlefield, 1996),5 – 12,即编者导言。

③ 关于洛克在宗教宽容历史上的地位,参见 *Difference and Dissent and Beyond the Persecuting Society*: *Religious Toleration before the Enlightenment*, ed. John C. Laursen and Cary J. Nederman (Philadelphia: University of Pennsylvania Press, 1998),1 – 10.

敕令》(Edict of Nantes)后相当数量论述宗教宽容问题文献的一部分。废除《南特敕令》表明法王路易十四取消了给予法国胡格诺教徒（属于加尔文教派）的宗教宽容法律。这被看作是一个欧洲大国用武力谋求宗教统一的最后努力。因而毫不奇怪，这一举动在欧洲的"文人共和国"(Republic of Letters)里引起了一片抗议声浪。领头的是荷兰、英国、勃兰登堡-普鲁士、瑞士这样的新教国家，都是遭放逐的胡格诺教徒跑去居住的地方。④

二

萨缪尔·普芬道夫 1687 年的论文 "*De habitu religionis christianae ad vitam civilem*"（"与公民生活相关的宗教的本质"，翻译为"就公民社会论宗教的本质和特性"）就是这些文献中著名的一篇。由于宗教宽容的信条形成于现代自然法的框架之内，而普芬道夫又是广为人知的自然法奠基者之一，所以这篇论文显得非同寻常。普芬道夫的主要著作是 *De jure naturae et gentium*（《自然法与万民法》，1672 年）及其节略本 *De officio hominis et civis juxta legem naturalem*（人和公民根据自然法的责任，翻译为《根据自然法人的全部责任》，1673 年）。本书重印的是《宗教的本质和特性》一文最早的英译本，出版于 1698 年。那时普芬道夫已经在英国和欧洲其他地区享有声誉。17 世纪的最后十年，他的作品及其最初的翻译在学术性刊物上得到了广泛的讨论。《人和公民根据自然法的责任》的第一个英译本出现在 1691 年，第二个出现在 1698 年。18 世纪早期，《自然法与万民法》和《人和公民根据自然法的责任》被译成法语、英语、德语以及其他许多文字，表现了人们对普芬道夫自然法论述的持久兴趣。事实上，直至美国和法国革命，这些作品在德国、苏格兰和法国的道德和政

---

④ 关于在荷兰出版的讨论宗教容忍争论的法国刊物，参见 Jan Schillings, *Het tolerantiedebat in de franstalige geleerdentijdschriften uitgegeven inde Republiek der Verenigde Provinciën in de periode 1684 – 1753*, (Amsterdam: AHA-Holland Universiteits Pers, 1997)。该书有英文提要。

治哲学形成方面起了重要的作用。

正如约德克斯·库尔(Jodocus Crull)在其译本扉页提到的,普芬道夫《论宗教的本质和特性》一文可以作为《人的全部责任》的附录来读。事实上,这篇论文可以被理解为普芬道夫的自然法理论在宗教和教会领域的应用。在开始的部分(第2—5部分),普芬道夫论证了国家不是为宗教目的而建立的,而宗教是自然的人类自由的一部分,不能交托给主权者。公民社会的目的仅仅包括维护公民的安全,宗教则留给个人自己照管。基于这个理由,尊重宗教自由就是主权者的一项责任。根据国家的契约理论,普芬道夫谴责了废除《南特敕令》的行为,他认为,当主权者把统治扩展到宗教领域时,就越出了其权力的界限。如果统治者因为宗教原因而迫害臣民,就不能被看作是一项合法的行为,而是不正义、敌对或残暴的行为(第6部分)。在《自然法》里,普芬道夫同样论证了这个问题,即当主权者越出他的权限时,对臣民就是不正义的。⑤ 然而,在那本书里,他并没有承认一种抗拒的权利,相反却坚持人们不得不服从统治者,甚至在统治者堕落为暴君后也要如此。⑥ 法国国王的新迫害促使普芬道夫在本书中得出结论:当统治者越过其权限时,臣民有权利不惜用武力保卫他们的宗教(第52部分)。

重要的是,普芬道夫对法国国王的猛烈攻击不应被误解为朝政治激进主义的转向。普芬道夫的宗教自由主张形成了对宗教宽容的原则性辩护,这与洛克的观点类似,但如果从更宽广的视角观察,普芬道夫的思想则更为复杂。普芬道夫紧跟同时代的欧洲政治,并成为一些成功的新教统治者的顾问,若把他关于宗教容忍的信条放在当时欧洲政治的背景下评价,则其中活跃着更多的传统的东西。

三

萨缪尔·普芬道夫 1632 年出生于路德教萨克森(Lutheran

---

⑤ *Law of Nature*, book 7, chap. 8, secs. 1 – 4.
⑥ *Law of Nature*, book 7, chap. 8, secs. 5 – 6.

Saxony)的一个小村庄里。在莱比锡和耶拿完成学业后,他于1658年在瑞典驻丹麦大臣(大使)彼得·居里叶斯·柯伊特男爵(Baron Peter Julius Coyet)家里谋得了家庭教师的职位。瑞典和丹麦发生战争后,普芬道夫也被投入监狱,在那里他完成了第一篇关于自然法的论文——*Elementa jurisprudentiae universalis*(《普遍法学纲要》,出版于1660年)。在荷兰短暂驻留后,他出任海德堡大学哲学系国际法和语言学教授(后来改任自然与国际法教授)。1664年,他使用"塞维里努斯·德·蒙赞巴诺"(Severinus de Monzambano)的笔名,出版了第一部重要的政治著作 *De statu imperii Germanici*(德意志帝国的体制,翻译为《当前德意志的状况》。此处德意志帝国指的是神圣罗马帝国——译者注)。他认为,由于主权在皇帝和大地产主之间进行了分割,所以德意志帝国是一种"不合常规"的国家。这一有争议的观点遭到广泛拒斥,他的著作在德意志大学里被禁止;教皇也因该书的反天主教倾向而进行了谴责。

1670年,普芬道夫接受瑞典国王卡尔十一(Charles XI)的邀请,赴隆德大学法律系担任自然法与国际法教授。他在这里出版了关于自然法的主要论著,还有一些补充性和论辩性的文章。1677年,丹麦人短暂地重新占领隆德,普芬道夫只得迁往斯德哥尔摩,在那里,他住了超过十年,先后担任卡尔十一的私人顾问、国务秘书和王室史学家。在此期间,他创作了关于瑞典历史的两部著作,以及一部比较分析欧洲国家的利益和力量的著作——《欧洲主要王国和国家的历史(1682—1686)》(*History of Principal Kingdoms and States of Europe* 1682-86)。随着1687年《论宗教的本质与特性》出版,普芬道夫自荐为勃兰登堡-普鲁士大选帝侯的顾问,并把这本书献给了大选帝侯。事实上,他1688年到柏林后,先后担任弗里德里克·威廉一世(Frederick William I)和弗里德里克三世(Frederick III)的宫廷史学家、私人和司法顾问,而弗里德里克三世1701年成为普鲁士的第一位国王。在1694年去世以前,普芬道夫开始为这两位主权者撰写历史,还写了一篇论述欧洲新教徒重新统一的论文。这篇论文题为 *Jus*

feciale divinum sive de consensus et dissensu protestantium（盟约法，
或论新教徒的共识与异议，英译本名为"神的封建法：或，所代表的和
人 类 的 盟 约" *The Divine Feudal Law：Or，Covenants with
Mankind，Represented*），发表于 1695 年。

四

　　要理解普芬道夫对宗教和宗教宽容的态度，应该特别关注《神的封
建法》，可以把它看作本书的补充。在后期的著作中，普芬道夫阐明，宗
教宽容只是多种处理宗教异议的手段之一。只有在宗教或教派的重新
联合已经不可能时才可以运用。[7] 在普芬道夫看来，基于神学体系包
含了得救所必需的基础性规定，路德教派和加尔文教派重新联合的可
能性是存在的。相反，新教徒和天主教徒之间的分歧永远不能克服，
本书以及当时的欧洲政治环境都有助于解释普芬道夫的这个观点。
　　1685 年废除《南特敕令》的后果之一是，欧洲分裂为两个阵营：法
国领导的天主教阵营和勃兰登堡-普鲁士领导的新教联盟。英国在奥
伦治的威廉（William of Orange）登上英国王位后，很快就加入了新教
联盟。像勃兰登堡-普鲁士的弗里德里克·威廉一世这样的新教领袖
认为法国是新教的敌人，它的目的是在欧洲建立一个普遍的君主国。
欧洲国家分裂为两个阵营的状况又因德意志帝国各教派错杂的结构
而进一步复杂化了。《威斯特伐利亚和约》（1648 年）形成了一个不同
宗教派别和平共处的框架。它承认天主教、路德教派和加尔文教派，
并确保 1624 年之前建立的相关教派团体的权利。而新教和天主教地
盘之间的界限影响到了德意志帝国[8]。在关于德意志帝国体制的早期
著作《当前德意志的状况》中，普芬道夫剖析了教派的分立是帝国的一
个弱点，并在最后一部分——在以后的版本中，他删去了这一部

[7] *Divine Feudal Laws*，sec. 3-4.另见该书（Indianapolis：Ind.：Liberty Fund，2002）版本的
导言。
[8] 参见 Joachim Wwhaley，"A Tolerant Society? Religious Toleration in the Holy Roman
Empire，1648-1806,"in *Toleration in Enlightenment Europe*，ed. Ole Peter Grell and
Roy Porter（Cambridge：Cambridge University Press，2000），175-195。

分——描述了由此带来的危险。他坚持认为,应该防止德意志的天主教诸侯与其他天主教国家结盟反对帝国。⑨

在新教统治者看来,《南特敕令》废除后,天主教联盟的危险已迫在眉睫。这有助于解释为什么普芬道夫在分析宗教和公民社会之间的关系时没有局限于下述问题:即"主权者的权力在教会事务中可以扩展到多大程度"。只有在第1到第7部分中,这才是导引性的问题,如前所见,普芬道夫坚持认为统治者有责任尊重宗教自由。由于国家不是为宗教目的而建立的,所以主权者在教会事务中的权力界限为:只是确保在臣民中维持和培育"自然宗教"。所谓"自然宗教",指的是不依靠启示、仅仅通过理性的帮助就可以信奉的那部分宗教(参见第7部分)。和包括洛克在内的大部分同时代人相同,普芬道夫确信,信仰上帝的存在和他的天意是人作为道德力量的基本需要。由于没有最低限度的自然宗教,无神论者和亵渎上帝的人注定将不能过道德的生活,并被排除在宗教宽容之外。

此外,普芬道夫从本书一开始就坚持,必须考查"教会事务中神职人员的秩序应具有什么样的边界"。无论是世俗主权者还是教会越出了他们的权限,都会导致"教会和国家中出现严重的权力滥用、骚乱和压迫"(第1部分)。普芬道夫关于犹太教和基督教起源和本质(分别参见第8—9段和第11—39段)的大段分析,很清楚是直接反对罗马天主教会的。他的核心观点是,根据《圣经》没有可供神职人员行使的教会主权。在 *Historische und politische Beschreibung der geistlichen Monarchie des Stuhls zu Rom*(《罗马教会君主国的历史和政治描述》,Historical and Political Description of the Spiritual Monarchy of Rome,1679 年)一书中,他谴责了天主教会的世俗野心("教皇的帝国"或"天主教君主国")。在本书的第 35 部分,普芬道夫总结说,新教徒和天主教徒之间的宗教争议"深深卷入了天主教君主国的利益,罗马天主教徒不可能从争议的规条后退一英寸,否则他们将减少权力并危及收

---

⑨　*The Present State of Germany*, chap. 8, secs. 4 - 5.

入。这样,他们和新教徒之间建立联盟的任何希望都是徒劳的,除非新教徒决心重新套上他们很久之前已经摆脱的教皇制度的枷锁。"

针对天主教教义,普芬道夫提出,天主教会应被理解为处于世俗统治者管辖之下的一种学会或私人社团。他看到,"ecclesia"(教区全体教友)这个词的最早含义不是国家的地位,而是民主的治理。在那一时期任职的长老或代理人总是依靠教众的共同赞同而行事。基于这个理由,人们成为教会的成员并不能改变其作为世俗政府臣民的职责(第31部分)。

本书的最后几部分(第40—54部分)关注的问题是,"当君主、王国和国家宣布信仰基督教以后,教会的处境与从前相比发生了什么改变"(第40部分)。普芬道夫认为,确实存在改变。早期的教会只能被看作是一个学会或私人社团,而现在的教会"已经处于其主权者特殊的保护之下"(第41部分)。成为基督徒后,主权者作为基督徒和世俗统治者的责任结合起来,从而在教会事务中获得了特别的权利。看来,普芬道夫接着承认,一旦国家-教会的联系存在,宗教和公民社会之间的关系就与从前不一样了。这解释了为什么在著作的这一部分,他从一种不同的视角处理宗教宽容的问题。现在是根据"国家的理由"来讨论宗教宽容了。于是普芬道夫考察了主权者保卫公共和平和安宁的责任是否要求他在国家中促进宗教统一。他首先声称,"所有臣民普遍信奉同一个宗教不是维护公共安宁的绝对需要"。但是,他接着说,"希望并应该努力在一个国家中建立一种信仰和宗教"。他进而建议,"在宗教的公共形式没有建立的共同体中,主权者可以去建立一个"。一个主权者在国家中支持宗教统一还是容忍宗教异议,是一个事关"共同体公共利益"的问题(第49部分)。主权者可以根据时间和环境,或者放逐持异议者,或者"容忍与国教观点不一致的臣民"(第50部分)。宗教宽容因而被理解为统治者给予持异议的个人或群体的一种特权。

鉴于本书最后部分论述的变化,可以提出一个问题:普芬道夫是否没有作出有力的论证来反对路易十四把胡格诺教徒驱逐出法国的行为。普芬道夫当然不是这样看的,因为他继续论述主权者有义务容忍持异议者,"如果他们首先服从政府,有着社会契约认可的信仰自由;或者之后通过某种协议、任何随之而来的规章,或通过国土上基础性的法律服从政府"(第 50 部分)。这可以用在胡格诺教徒身上,《南特敕令》已经认可了对他们的宗教宽容。这也可以用在德意志帝国的路德、加尔文和天主教团体中,《威斯特伐利亚和约》已经保障了它们的权利。而有些团体尽管属于官方认可的教派,由于在 1624 年以后才建立,所以原则上不能要求宗教宽容,同样情况也适用于没有契约保障的其他新教和犹太教团体。适宜的原则不如说是 *cuius regio*, *eius religio*(谁的地盘,谁的宗教),也就是普芬道夫在本书最后几个部分强调的:把宗教事务的权力留给君主和统治者,并把宗教宽容当作一个维持政治稳定或促进经济繁荣的工具。

五

除了自然法的论著,人们对普芬道夫的著作在英国被翻译和接受的情况知之甚少。但本书有两个译本表明,[⑩]人们对他的宗教和政治著作有相当大的兴趣。尽管《神的封建法》由其他人翻译,本书的翻译者库尔还是对《欧洲主要王国和国家的历史》的传播有所贡献。本书初版于 1695 年,到 18 世纪中叶,再次编辑、修订了超过十次。库尔的经历[⑪]可以解释为什么他能胜任把一位德国作者的作品译成英文。他是土生土长的汉堡人,学习医学,在莱顿(Leyden)和剑桥获得了医学博士学位。1681 年,他成为皇家学会(Royal Society)的成员,但由于职业生涯不成功,却无力交纳会费。他主要靠为书商翻译和做汇编工作维持生计。然而,相对于他那鲜为人知的经历,人们谈论更多的是,库尔把普芬道夫的著作《论宗教的本质和特性》献给了威廉阁下,即克

---

⑩ 《论宗教的本质和特性》还有一个匿名译者的英译本:*Of the Relation between Church and State:Or, How far Christian and Civil Life affect each other...*(London, 1719),其中包括一个序言,对本书作了一些解释。

⑪ 库尔的出生时间未知,死亡时间大概是 1713 年。

拉文男爵。⑫ 这里，他推荐的理由是，本书在两个极端之间保持了中间立场。一个极端的代表人物是："在民主政府里享有公民社会最大幸福的人"，另一个是霍布斯先生关于主权者无限权力的"荒谬原则"。⑬ 在暗示了《自然法和万民法》和《人的全部责任》里包含的主权理论后，库尔首先指出，在普芬道夫那里，主权不是必然要交给一个君主，有时候也可以交给一个委员会。在理论上，普芬道夫把君主制、贵族制和民主制作为政府的三种合法形式。⑭ 库尔接着提到，普芬道夫对年轻律师的警告包含在本书的附录里，"当心，在维护君主特权的借口下，他们不能挥霍掉自己的自由和财产"。现代的读者和库尔一样，对本书的附录有特殊的兴趣，因为它直接反驳了托马斯·霍布斯，普芬道夫称他为"第一个发明出这种无限（主权）权力的人"、"迄今为止对神学最糟糕的解释者"。这些批评是由安德瑞·豪杜在《政治梗概，论教会事务中的主权权力》一文中复活了霍布斯的观点引起的。豪杜的这篇文章收录在他 1681 年出版的著作 *Politica contracta generalis* 里。⑮ 目前见到的对豪杜著作的唯一现代评论，认为在"利维坦令人赞叹"的观点里，这位荷兰律师"为一种完全无限制、并且基于那个理由也同样完全无意义的专制主义辩护"。⑯ 在这个背景下，普芬道夫再一

---

⑫ 威廉·克拉文（William Craven, 1606 - 1697）为人所知是因为他与波希米亚"冬天皇后"（winter queen）的长期交往，后者即英国伊丽莎白公主（princess Elizabeth），是巴拉丁选帝侯弗里德里克五世（Frederick V, the Elector Palatine）的妻子。克拉文是名保王党人，在英国内战期间，为查理一世和查理二世提供了相当可观的财政支持。后来他成为詹姆斯二世的私人顾问，并担任过陆军中将。光荣革命后，克拉文全神贯注于私人活动。由于大量著作都献给了他，所以克拉文成了文人的资助者。

⑬ 托马斯·霍布斯（1588—1679）的主要著作是 1651 年的《利维坦》，即 *Leviathan, or the Matters, Form, and Power of a Commonwealth, Ecclesiastical and Civil*，其中他为主权者的绝对权力辩护。

⑭ *Law of Nature*, book 7, chaps. 2, 5. *Duty of Man*, book 2, chaps. 6, 8.

⑮ 安德瑞·豪杜（Adria[a]n Houtuyn, 1645 - 1733）是海牙荷兰法庭的一名律师。除了 *Politica contracta* 以外，他还出版了关于希伯来人君主制（*Monarchia Hebraeorum*, 1685）和巴达维亚共和国（*Reipublicae Batavae lier primus*, 1689）的著作。唯一关于他的著作 *Politica contracta generalis* 的研究是 H. E. Kossmann, *Politieke Theorie in Het Zeventiende - Eeuwse Nederland* (Amsterdam: N. V. Noord-Hollandsche Uitgevers Maatschappij, 1960)。

⑯ Kossmann, *Politieke Theorie*, 64.

次揭示出主权权力在教会事务上的限度。然后他试图证明,甚至在臣民和主权者信仰同一种宗教、教会是由法律建立的情况下,主权者也不能"在他作为国家最高统治者的同等意义上"要求"作为教会最高首脑"的权利。由于教会和国家是为不同的目的而建立的,所以君主的特殊权力局限于宗教崇敬事务的"外部"方面,而这些方面则独立于宗教事务的"内在"部分。

其次,库尔坚持认为普芬道夫没有完全把基督教和国家分离开来。这一点看来对他很重要,因为在当时的多数基督教国家,宗教都和世俗政府有关,无论它们是保留还是废除了主教制。光荣革命后,英国的宗教宽容根据国教和各种各样新教异议者之间的关系确定,而库尔的意思看来是,普芬道夫的教导非常适合支持立场温和稳健的——如果尚未达到不拘泥于宗教教条和形式的——教士。[17] 最后,在结束献辞的时候,我们的英译者迎合了一些英国神职人员,这些神职人员近来显得出类拔萃,因为他们都以"论证的力量、而不是以暴力的手段说服与他们观点不同的人"。可能是普芬道夫宗教宽容观点中更为传统的方面对英国的温和派有吸引力,因为他们希望在不质疑国教教会的情况下保证对宗教异议者的宽容。

---

[17] 我们只能推测,库尔把本书献给像克拉文这样的保王党人是否只是出于经济上的原因,或者说,他是否希望把他们争取到温和的立场上来。

英译者导言

谨以此导言献给威廉（William）阁下，即克拉文（Craven）大人，汉姆斯泰德·马什（HAMSTEAD MARSH）的克拉文男爵[1]

我的大人：

您超凡的品德，得到有幸与您相识之人的公认，正是这一点，鼓励我偏离了现代作者的惯常做法——那些先生把溢美之词作为他们献辞的主题，为的是让他们的论文博得达官显贵的青睐；而我则充分认识到，一个慷慨大度而又谦逊的心灵（这是伟大灵魂不可分离之部分）摒弃了多少这方面的不实之誉啊。我必须承认，我们的作者在这里和海外（以及在处于欧洲一些最大君主保护之下的地方）有当之无愧的声望，足以得到您的认同，如果我对此没有充分的把握，就不会如此冒昧地想让自己得到大人您的赞同。我们的作者在那些真正热爱学问的人中间已经确立了普遍和无可置疑的声望，就算是我不在这里详细述说这篇论文，也不会对作者产生丝毫的损害；如果这篇文章的目的不是为了打消某些人过分挑剔的念头（这些人自信有充足的理由来反对包含在这篇论文中的观点），那就是要对另一篇文章进行补充，那篇文章无论是就其主题的精准，还是就其论证的关联性和力度，都当之无愧是欧洲现存最好的文章。[2] 那些在民主政府里享有公民社会最大幸福的人，不要指责我们的作者过于热情地论述把臣民置于君主的绝对处置之下的被动服从问题；看一下作者为反对霍布斯先生关于无限

---

① 参见英文本编著导言注释 11。——英文本编者注
② 英译者在这里指的是普芬道夫的文章《人的全部责任》(*The Whole Duty of Man*)。参见英文本编者导言第二部分。——英文本编者注

权力的荒谬原则而写的论文附录,③就足以使他撇清过于热情的责难。
而如果这些先生能就相关主题,花些力气对作者这篇论文和其他论
文④中的几个段落作个公允的比较,就不难认识到他们的错误;就我对
这一问题的了解而言,"元首"(罗马的首席公民)或"君主"这样的词汇
才最对他们的胃口,而不去考虑像"主权者"这样的词汇。对作者来
说,"元首"和"君主"是同义词;在这篇论文的许多段落里,已经充分表
明,作者并不总是把主权权力交给一个个人,而也会交给一个被赋予
共同体主权权威最高管理权的委员会。我们的作者在附录的开头给
了年轻律师一个忠告,即,要他们当心,在维护君主特权的借口下,他
们不能挥霍掉自己的自由和财产,以及他断言公民社会建立的基础是
相互保护以反对暴力的共识;我要说,单单这些,对没有偏见的人来
说,就可以令人信服地证明,作者的目的与在国家中维持一种专断的
权利相去甚远。对我们作者的另一桩指责是,他完全把基督教和国家
分离开来,使它们之间没有丝毫的相互介入;尽管现在出现在大多数
基督教国家中的却是相反的情况,而在犹太人的共同体中(根据上帝
特殊指令建立的),宗教和国家的联盟更是不可分离的。不可否认,教
会管理的外在形式,在很大程度上和大多数地区,都与国家的外在形
式相适应,特别在新教徒中更是如此;显然,在多数君主国,作为与国
家体制最为适应的部分,从未消除过主教制;相反,在新教徒的共同体
中,由于和国家体制不相适应,这一制度已经被根除。在路德派那里,
可以特别观察到这一点。尽管路德派教徒都同意教义的观点,但在仪
式和教会管理外在形式的问题上,相互间的分歧很大,以至于表面看
来,他们好像是许多不同的教会。因此,在瑞典和丹麦这两个北方王

---

③ 参见英文本编著导言注释 12。——英文本编者注
④ 如《自然法》和《人的全部责任》。关于普芬道夫与霍布斯联系的讨论见 Fiammetta Palladini, *Samuea Pufendorf discepolo di Hobbes: Per una reinterpretazione del giusnaturalismo moderno* (Bologna: Il Mulino, 1990); Richard Tuck, *The Rights of War and Peace: Political Thought and the International Order from Grotius to Kant* (Oxford: Oxford University Press, 1999), 第五章。——英文本编者注。(后者已有中译本。[美]理查德·塔克:《战争与和平的权利:从格劳秀斯到康德的政治思想与国际秩序》,罗炯等译,南京:译林出版社,2009 年版。——译者注)

国,主教的权力(尽管已经在税收上大为缩减)仍然保留到今天;而在德国一些共同体中,尽管确立的是同样的宗教,但主教的权力已被完全消除,没有丝毫迹象表明牧师处于从属地位。但是这一反对很容易驳倒,如果我们公允地想到,我们的作者的目的是,在这些段落中集中体现出宗教真正而本原的结构,去除所有与其真正精神不相符合的东西,他不认为把不是关键部分的东西塞进去是合适的,尤其考虑到,当他的主要目的是表明基督教和犹太教的真正区别时,更是如此。我们知道,作者反对任何可能导致迫害持不同观点者的迹象,而有不少人,出于一种荒谬的情绪,把一种对宗教的自由观点(Libertinism)归到我们的作者名下,对此,除了认为他们不满这些观点以外,我找不到其他可作解释的理由。我很满意作者提出的理由,它们是如此坚实,又如此准确地应用于论述的目的,人们只要不先入为主地受到私利或极为愚蠢的无知影响,就会被它们说服。因为,如果肉体的奴役状况完全与一个高洁的灵魂相抵触,并被提升到超越一般偏执狂热者的程度,催生出反常歪曲的热情,最终酿成一种迫害性的精神,而被看作受真正理性之光指引的人的共同敌人,要达到这种惊人的程度,会有多少更为无法容忍的心灵的奴役啊?在此,我注意到,我们英国的现代神职人员最近已经拥有了一种特别的品质,他们更倾向于用论证的力量去劝服与自己观点不同的人,而不是暴力的手段去压制;这样我就不知道他们是否会先于欧洲的其他人,更适合于这一观点。如果任何人质疑其真实性,我将提请大家注意托兰先生题为"基督教不是神秘的"的论文。⑤ 讲述事件当事双方的是非曲直,已经超出了我论述的范围和这篇导言的容量,指出最近在英格兰和其他地方所发表的反对他的东西就已足矣。如果恰当地比较一下所有这些,很快就会表明,英国神职人员在运用论证的力量,以及行为的高尚与平和方面,比其他人

⑤ 约翰·托兰(John Toland,1670—1722)是出生于爱尔兰的英国宗教自由思想家。他的著作《基督教不是神秘的》(Christianity Not Mysterious)出版于1696年,引起公众一片哗然。出现了直接反对该文的大量书籍和小册子。爱尔兰议会谴责该书,并下令逮捕托兰。——英文本编者注

做得更好。我恐怕已经滥用了大人您的容忍；最后，我将把我们的作者和我本人推荐给大人您，并恳求您能接受我的推荐。

　　此致

您忠实的仆人

J. 库尔（医学博士）

（J. Crull. M. D.）

目录

2. 每个人都为自己的宗教信仰向上帝负责

　　无论于自然宗教还是启示宗教，首先需要思考的便是：每个人都要自己崇信上帝，宗教义务不能由代理人行使，而是在于每个人自己直接面对上帝；全能的上帝会允诺，赐予崇信的人所渴望获得的东西。人作为理性动物，既然把自身的生生不息归功于上帝的恩惠，那么，责无旁贷的义务便是，理性的灵魂应永远不能放弃这样的思考——崇信上帝、崇信上帝无上的权力。在照管我们的灵魂和照管我们的肉体之间存在着重要的区别。肉体可以交由他人照管；在他人监护下可能降临在我们身上的伤害，则完全由监护我们的人负责，我们自己无需内疚。就如同漂洋过海时，我们把自己交托给船长，仅凭他的照管，不需要我们的协助，就可到达想去的港湾。但是，谁也不能把对自己灵魂的照管，以及自己的宗教信仰整个地转托给别人；这就如同让另一个人完全为自己的所有不幸负责，从而使自己免受惩罚。每个人都应把自己托付给上帝。① 代同道、亲属受过，接受基督的诅咒，②就像圣保

---

① 《罗马书》14：12。关于《圣经》的译文，基本依据中国基督教协会 1995 年版的新标准修订版的新标点和合本；部分引文有出入的，则根据普芬道夫引文在译文上进行调整。——译者注

② 《罗马书》9：13。

罗希望的那样,完全是徒劳的。按其职责应照管他人灵魂的人,如果因疏忽而失职,应该受到惩罚。这一点当然确凿无疑。但是那些灵魂被疏于照管的人,其本人也应该同样受罚,因为他们太相信别人,而忽视了对自己灵魂得救的责任。先知以西结曾明白表述过这一点(《以西结书》33:7,8)。"义人因信得生"。③ 圣马可在福音书中说得斩钉截铁:"不信的人,必被定罪。"④不论是受诱惑而失信,还是为世俗的目的而背弃信仰,结果都没什么两样。

---

③ 《哈巴古书》2:4。
④ 《马可福音》16:16。

3. 在自然的自由状态中同样的事如何进行

　　宗教只与上帝有联系,没有大量的人组成的教团,宗教活动也能进行。由此,不能以皈依之人的数量来判断教义或宗教的正确与否。显然,在人类世界的最初时期,我们的先人应该确实履行了宗教义务。如果一对男女或一小群人,孤零零地住在一个地方,则不能以没有组成教团为由,认为他们的生活中没有宗教。因为,上帝才是唯一的法官:他了解我们心灵的最深处,并在其中搜寻,从而决定对他的崇信中哪种最令他满意。没有上帝的帮助,我们没有履行宗教义务的能力,因此,宗教义务也不可能是我们的发明创造。那时的人们生活在自由的自然状态中,不服从任何人间的权力。在这样的状态中,他们的宗教也只和全能的上帝发生联系,只把尊崇与敬畏献给唯一的上帝,不受任何一种人类的力量或权力的左右。在这自然的自由状态中,人或者接受理性的主宰,或者接受神圣的启示。有了全能的上帝,依靠其已有的知识水平,他们就能决定宗教崇信的外在形式,而不需向任何人说明。他们既不会受控制、强迫,更不会把对上帝的崇信置于别人的观点之下。在信仰问题上,他只听从自己的主张。但是,如果有某个人试图使上帝的信徒转而皈依其他信仰,那么他应该会通过适当的论证表明:他站在多么正确的位置上,而其他人又陷入了多么深的谬误。除此之外，还可提供一种理由说明：为什么任何人在任何条件下，均不应出于强迫而信仰宗教。须知，恰当而又令人信服的论证，能使心灵做好接受宗教的真正教义的准备，若无这一步骤，对真理的认识将无法灌输。对于超出人之理性的基督教神迹，必须在上帝恩典的帮助下才能理解，而上帝之恩典，则与所有暴力截然对立。君主可以用命令强使一个臣民进行表面的口头忏悔，也可使他在行动上顺从，甚至还能让他掩饰真实想法，口是心非；却绝不可能强迫他信其不信。因为信必仰仗整个心灵的奉献（"你若是一心相信，就可以"）；⑤而为获取世俗利益、躲避生活中迫近的灾难所做的一切，都不需要整个心灵的投入（一心相信）。与之相反，"信道是从听道来的，听道是从上帝的话来的。"⑥我们的救世主基督不强迫我们听他的话，而是用一切温和的方式，说服我们遵从他的意志。如同圣保罗所说："现在我们做基督的使者，就好像上帝藉我们劝你们一般。我们替基督求你们与上帝和好。"⑦

---

⑤ 《使徒行传》8:37。

⑥ 《罗马书》10:17。

⑦ 《哥林多后书》5:20。

4. 家长最初拥有对宗教崇信的照管

有一个无可置疑的真理,渐已为人类接受,即人有责任在诸多方面对别人施以援手。宗教问题也不例外。那些因血缘最亲近而对青年教育责无旁贷的人,应同时给予青年有关上帝的正确知识,为他们的心灵接纳基督教义做好准备。就此而言,关心孩子的教育与几乎所有的家长有关,若要教育见效,家长的首要职责在于:完全告诉孩子关于上帝及其神圣话语的所有故事,鼓励孩子进行各种宗教仪式。因为,此时的孩子尚无法以自己理性的力量认识到对上帝的义务,放任他们跟着感觉走是很危险的。更加危险的是,推脱对孩子的虔信教育,以为启示降临时,上帝的言语已经在我们中间生根成长,期待此时一劳永逸解决问题。然而,孩子在稚嫩时若没有适应虔信敬神的仪式,那他们长大后很快就会变得固执而难以驾驭。既然如此,那么,履行家长职责最好的方式便是使之符合基督教精神,除此以外,别无其他。基督教精神要求孩子在行动中摒弃暴力,以勤勉、坚忍之心传达、恳请、祈求、宣告上帝的惩罚。由是可知,在古代家庭的父亲身上,体现了最初的神职人员与家长职责的融合。亚伯拉罕正是因既是好父亲又是称职的一家之主而受到赞誉。他不仅在所有虔诚的行为方面为孩子们作指导,而且还亲自为孩子行割礼。⑧《新约》和《旧约》里都有对父母的类似训令。⑨ 我们的祖先雅各从家里驱走偶像,靠的不是强迫,而是指导其家庭成员认识真正的上帝,使他们自愿交出偶像由雅各处置。⑩ 和其他职责一样,父亲的这部分职责,在儿子离开父亲的家庭、建立自己的家庭后,即终止。此后,儿子在其独立的家庭中也将成为父亲,享有他的父亲曾经对他拥有的同样权利。尽管在这种情况下的父亲仍可保留告诫儿子的父亲特权,但这些告诫究其本质只应看作与我们的遗嘱(Last Will or Testament)相像的东西:它并不意味着是一种命令;从其具有良好意图的角度观察、就其表现的对父亲记忆的应有尊崇而言,这些告诫从来不能被那些行事诚实的人忽视。

---

⑧ 《创世记》18:19。

⑨ 《申命记》6:7;《以弗所书》6:4。

⑩ 《创世记》35:2、3、4。

5. 公民社会不是为宗教目的而建立的

综上所述,可知世俗政府不是为了宗教的目的而建立的;换言之,人不是进入公民社会、或建立了更多便利设施后,才从事宗教活动。人多人少,均可奉行宗教仪式,无论教徒的集合是大是小,都无须为此建立某些强大的教团。但是,人若从事公开的暴力对抗,便构成被迫组成社会的首要动机,即相互防卫。社会的目的不是为了人类的宗教,而是为了剥夺比他们弱小之人的自由、生命和财富。集合在一起的人的数量,丝毫不能增加一个人的德行与虔信,因为每个人只有作为他自己,才能被全能的上帝接受。与一群虔诚敬神的人在一起,也不会使一个人看起来更加虔诚。我们生活在公民社会建立之前的先人,其虔敬的名望一点儿也不亚于此后生活在政府治下的人。宗教不是共同体最初奠基者的机巧发明,而是与人类自身一样古老,此已为明证。同样足够明白的是,那时人类尚未进入公民社会;直到很久以后,藉由重要而强有力的理由,公民社会才出现。不可否认,在公民社会里,有人为达到在国家中的目的而诡诈地滥用宗教,但是,就其自身而言,宗教不是隶属于国家的,也不能被当作服务于国家需要(serve a states Turn)、并使人民顺从的适当工具。宗教,被称作公民社会的纽带,其内涵必须在此意义上理解。如果宗教与崇敬因上帝的不悦而被废除,那么,将不会再有足够强劲的纽带来使人类遵从作为所有共同体根本基础的法律和宪章。而且,若没有了向全能上帝负有罪责的畏惧,仅仅依靠人的力量,根本没有优势去约束桀骜不驯的灵魂所造成的滔滔恶行。

6. 臣民在宗教事务上的观点从未屈从于主权者的处置

综上所述，共同体并非为了宗教目的而建立，这一点已绝无疑义；同样容易理解的是：当古代的家长首次将自己置于政府治下时，只是为了关乎共同安全的公民社会的目的，而把自己的生命和财富交与主权者；他们并没有同时以同样的方式被迫交出自己的宗教信仰。因为信仰宗教不是出于相互间安全的需要，就获得相互间安全而言，宗教对维持公民社会也不会有任何助益。宗教起源之高贵，远甚于世俗政府；宗教对人之约束，远强于世俗权力；宗教之本质在于无条件遵守、不可改变。由此可见，一个人想成为世俗政府的臣民，但如果他以如下誓词宣誓效忠于主权者，那么这样的宣誓非但毫无用处，反而会自相矛盾："我将以我全部的意志服从您（主权者）的命令；我保证根据您的意愿去爱、去尊崇、去信仰上帝，并相信您甚于相信上帝；我知道，如果只听从全能的上帝，而不理会您的所有命令、所有爱、所有尊敬和义务，并依此践行，将是对上帝及其命令的违背。"此处的关键在于，要记住众使徒的话："顺从上帝，不顺从人，是应当的。"⑪据此，当主权者自称把他们的权威扩展到上述那种程度时，就将是侵犯其统治边界的行

---

⑪ 《使徒行传》5:29。

为;而如果主权者以臣民拒不服从这种越界为由,对臣民施以任何惩处,那么这种举动都应被视作非法的、非正义的和专横的。上帝通过非凡的神迹证实了这一点:谗臣进言,企图陷害但以理,大流士王无奈采取了一个荒唐而非法的行动——发布公告要求所有人三十天之内不许向除他自己之外的任何神或人祷告。[12] 在这件事上,对他的臣民,尤其是那些在私下场合祷告的人,大流士王究竟有什么可以担心的呢? 又不是在公开祷告时反对国王。如果那样,将是另一回事,这个主权者的敌人理应受到惩处。但以理做得很好:尽管大流士王颁布了愚蠢而大不敬的命令,他仍按原有习惯每天私下进行祷告。正因为此,非凡的神迹使但以理安全脱离了狮子坑。同样,上帝也保护了但以理的三名同伴免遭烈火焚身,因为他们违抗王命,不肯崇拜金像。[13] 尼布甲尼撒王铸造这个金像,很可能不是要把它当作上帝本身礼拜,而只是作为那不朽存在(上帝)的符号或象征,让他的臣民敬爱与崇拜。同样确凿的是,除了对他自己以外,耶罗波安王无法说服犹太人相信,他造的金牛犊[14]是神,就像把犹太人带出埃及的上帝一样。但他仍把金牛犊确立为一种象征或代表,借此使犹太人记住作为以色列人伟大解救者的上帝带给他们的好处,这样或可免去献祭的场所,免行宗教的义务。虽说耶罗波安王并没有脱离上帝,他只是为了国家的目的,对礼拜的外在形式作了更改,而且他认为,以他国王的高贵特权可以这样做。但是,他和他的整个家族却为此被驱逐出以色列;而犹太人,由于遵从他们的国王进行偶像崇拜,也付出了失去圣地的代价。[15]

⑫　《但以理书》6:7、9。

⑬　《但以理书》3:27、28。

⑭　《历代志(下)》13:8。

⑮　原注《列王记下》19:17、18;据中国基督教协会 1995 年新标准修订版新标点和合本《圣经》,上帝惩罚耶罗波安王的内容见《列王记下》14。——译者注

7. 在教会事务上主权者根据自然法拥有何种正当的权力

　　尽管如此,作为共同体的最高领导和统治者、作为公众和本国国民的家长,主权者仍然拥有处置宗教事务的一定权力。诚如上文所述,作为家长的首要职责是把虔信植入孩子心中;主权者由此也应负责公众的教化,而维持对全能上帝的尊崇是其中的重要一端。只要敬畏上帝仍是正直诚实或其他美德的基石,那也应该是主权者的利益,理应在国家中受到推崇。正因为如此,宗教就成为维持主权者及其臣民之间真正同盟的最强有力的纽带(上帝是真理的上帝,他谕示我们:信仰和契约应该是人间的神圣物);这样,主权者必须履行的义务不仅是有效地监护臣民保持自然宗教信仰,陶冶情操,而且还要有足够的权威立法,以防止臣民做出完全破坏或颠覆宗教首要教义的事:如企图公开否定上帝的存在和意旨,从而建立多神崇拜;膜拜虚构的神或替代上帝的偶像,使渎神蔓延;或拜伏于魔鬼脚下,与之订立契约……诸如此类。不过,当这些企图只是存在于人们的思想里,没有公开暴露或导致外在行动,法律将奈何不了他们,任何人的力量都无法察知隐匿在心灵中的东西。当然,与宗教崇信相联系的宗教仪式不尽相同,其中与维护国家良好秩序相关的要点为:如何对待宗教仪式上缺乏整齐划一? 主权者不必在此问题上过于焦虑,因为这种不同之处不会动摇宗教本身；就此而言，也不会使臣民对国家心存异心、揭竿而起。臣民们行不同的宗教仪式，就如同围绕某一哲学原理形成的不同观点，这和主权者的失职无关。然而，下述立场同样无可置疑：最高法官在臣民以宗教为借口，企图拉帮结派、对国家构成威胁时，或者在臣民策划阴谋危害秩序时，将不论其宗教托词而进行惩治。这样做的理由是：就其自身而言，宗教不能作为邪恶行径的理由，因而也不能成为掩护作奸犯科的庇护所。基于此，罗马元老院依其职责，可以问心无愧地废除随酒神崇拜而逐渐蔓延的淫荡行为。⑯ 但是，如果主权者强迫臣民依附作为统治者发明物的宗教，那他们就越出了其权力的界限；毫无疑问，这已导致滥用臣民委托给他们的权力。君主若无其他理由，仅因臣民奉行与自己不同的宗教，而在不加基本调查的情况下迫害其臣民，则无论其教义正确与否，君主均不能免于罪责。小普林尼⑰总体是个性善之人，但他反对比希尼亚（Bithynia）基督徒的做法，无论如何都无正当理由。他也坦承，自己从未亲临对基督徒的审判，对他们的罪孽以及应受的惩罚都很无知。他的原话如下："我只是多次问过其中的一些人是否是基督徒，对那些坚持承认自己是的人处以死刑。很明显，我认为无论这些人的供认性质如何，如此强硬的态度、如此顽固的行为，已无法使他们逃脱惩罚。"

---

⑯ 公元前 186 年，罗马元老院发布命令：除了特定情况外，在意大利全境禁止进行酒神祭祀狂欢。据此，对酒神巴克斯的祭祀被视为纵情声色的秘密仪式。见李维《罗马史》，第 19 卷，第 8—19 章。——英文本编者注。

⑰ 小普林尼（61—112？），罗马作家，曾任执政官（100）、比希尼亚总督（111—112），以其 9 卷描述罗马帝国社会生活和私人生活的信札著称。下文的引文摘自小普林尼：《书信和颂词（两卷本）》(*Letters and Panegyricus in two volumes*)，第二卷。——英文本编者注

8. 启示性宗教的性质

　　然而,依人之处境,仅凭自然宗教的佑助,尚无法获得伟大造物主所规划的幸福;人还在祈求伟大而智慧无限的上帝,向我们这些终不免一死的俗人启示出他的意志,指导我们如何才能享受到他的恩惠,并按他所希望的方式崇信他。正是基于此,一个具有健全理解力的人会毫无顾忌地认为,对于上帝所启示的所有超出我们自然理解力的东西,人类都应当尊崇并以普遍共识和谦卑之心接纳。在所有启示的教义中,因信称义(the Article of Justification),换言之,即以救世主(耶稣基督)之善荡涤人之罪孽,是最重要的信条之一。对此,我的观点是:自上帝创世以来,血淋淋的献祭便是以基督之血换来人类救赎的象征。若无此种推测,则一个对死亡和痛苦如此敏感的鲜活生命备受折磨而死,却被说成是为了向造物主致敬而应受此劫;就好像一个人走入工匠作坊,为向工匠致以异乎寻常的敬意,而把他的手工作品毁掉。这怎能为理性所解释?而最为古老的献祭方式,即为真正的宗教被无知和迷信败坏前最显著的标志。它既不会对自然宗教有所添加,也不会改变宗教仪式的履行。因为在自然自由的状态里,每个人都有献祭的权利;但同时,任何人也不会被迫为他自己而献祭。这种献祭的仪式,是代表未来人类得救的唯一象征:当献上牺牲的时刻,众人都在场,此时,一个同样的献祭可以回答那一最终救赎的问题。此后,这一仪式成为习俗,每个家庭的家长常常为众人献祭;如果许多家庭汇聚在一起献祭,则由众人选出的人主持祭礼。我们还可以看到,正是有权利献祭的同一个人,有权力决定祭祀的时间和场所。[18] 因而当上帝后来指定了割礼的典仪和圣礼后,亚伯拉罕作为家长,主持了家庭的仪式。我们所宣称的关于献祭的权利,可以从亚伯和该隐离开父宅后亲行祭礼中得到证明。通过《创世记》的许多段落,我们得知,古代的家长(即各自家庭的父亲)确实建造了祭坛。当以色列处于无政府状态,没有国王或别的人监护公众信仰时,米迦在家里建了神堂,[19]由此把古代家长在远古曾拥有的同样权利赋予了自身,尽管这种方式并不正当。

---

[18] 《创世记》4:3、4。
[19] 《士师记》17:5、6。

9. 犹太人的教会和国家之间有着紧密的联盟

上帝以他的智慧,没有在创世之后即刻让救世主或弥赛亚降临尘世。只因那时,人尚未遍布世界,救世主的受难或者会在无知无觉中被遗忘殆尽,或者历经漫漫岁月,仅仅成为久远的传说。上帝让他在世界的每个角落都有人居住时降临,如其所是,他将引领人类走向完善。上帝还作了恰当而必要的考虑,没有让弥赛亚突然降临,而是长久的预言和期盼他的到来,在人世间燃起对他的热切渴望;这样,当人们发现他的善行义举和多少年来的预言如此吻合时,他将更易于为世间所接纳。而且,为使这些期待和预言不因光阴流逝而失色,也不为无知无觉所埋没,全能的上帝以非常特殊的方式,把它们置于犹太人的护卫之下。如此,上帝便在犹太人中间保存着他的预言。极为相似的是,自从弥赛亚让他的后代作为人降生尘世的那一天起,正是这同一个民族,以其伟大的光荣与卓越、以最多的关注,来传承这些预言。以此度之,下述事实绝无疑义:上帝和犹太人之间结有坚固的联盟,割礼便是表征,将犹太人与其他民族区别开来。后来,当犹太人成为一个人数众多的民族,并从埃及人的奴役下解放出来时,上帝又立刻为他们建立了政府和宗教(在救世主降临之前,这些不会停息)。就以这种方式,犹太人的宗教与国家之间保持了牢固的联盟。之后,管理宗教崇信成为犹太人中一个特殊部落的责任——这就是利未人的职分。基于上帝的特别命令,他们不被分派土地,以免为现世的产业和财富所累,而怠慢了上帝的托付;他们同时也被免除了他人为在圣坛感受上帝而必纳的什一税(Tenths)和其他赋税。还有一个地方,是犹太人分派来行圣礼的公共场所,其他人一概禁止入内。因为犹太人的整个宗教是按照上帝的命令建立的,除了在一个不受任何外国干涉的自由民族中,皆不可行。由此可真正理解,除非犹太人掀翻其宗教的基石,就完全不可能与外国联合。进而言之,由于犹太人的宗教与国家源于同一时刻,他们的宗教律法与世俗律法也在同一时刻建立,载于同一部法典,所以他们的宗教与国家的联盟彻底而完全,一荣俱荣,一损俱损:无论神殿破败,还是国家覆亡,都无比准确地意味着犹太人宗教的全部毁灭。犹太人被称作"上帝的选民"、"神圣的民族",乃是因为他们的整个民族都公开实行着真正的宗教。

10. 谁是犹太教会的
最高首脑

　　正因为上帝亲自建立了犹太人的宗教与典仪,并通过严厉的律法护佑它们,所以尘世间的任何人都无权做一丝一毫的修改:既不能增加,也不能减少。扫罗王和尤希阿王(Usiah)企图干涉利未人的祭祀工作,他们为此付出了非常大的代价;而引入异族宗教仪式的犹太人,则在《圣经》中留下了耻辱的记录。因此,犹太人的王除了作为最高的监察者之外,对宗教事务没有更多的权力。每个人都按照上帝的命令,各司其职,连最高祭司也不例外。这样,宗教建制才得以毫末未犯。无论利未人的部落,还是祭司的品级,都不是独立于国家的实体,而是国家确确实实的一部分,是国王的臣民。正如我们读到的,祭司们有时会因罪行而被国王罢免,如果疏于职守,也会遭到国王的严厉指责。大卫王走得更远,他为了保持宗教中的神圣秩序,在利未人和祭司中分派宗教职能,命令通过掣签来安排唱圣歌者和圣殿守卫者的班次。不过,如果没有犹太人中的首领和年高德劭者的首肯、没有利未部全体成员的提议,这些都无法做到。大卫王之所为,并非意在承揽安排或改变宗教事务的权力,而只是落实全能的上帝已经做出的决定,即在犹太人中建立一种秩序,让他们不受迷惑、更好地履行职责。[20] 推而广之,后来当帐幕圣堂由神殿取代,也就是说,当简陋的临时圣堂由高贵坚固的殿宇取代时,也必须是出自上帝的旨意。作为所有公共建筑之首的神殿,是在国王的关心下按期修造的,国王还为此征了税、供养了工匠。虽然《圣经》中没有记录,但显而易见的是,国王引入的异族宗教仪式,若企图让臣民接受,则种种威胁强迫的方式不如利诱跟从来得奏效。那些被引诱的犹太人,如同他们的国王,将相应获得上帝应有的惩罚;那些憎恶偶像崇拜的犹太人,不应被视为反叛的臣民,而应被看作以耐心忍受国家灾难的人。同样,在犹太人中清除偶像崇拜的和异教信仰的国王,受到了《圣经》的高度颂扬;而那些偶像崇拜的始作俑者、那些不敬上帝的国王,因其在国家中据有高位,免除了惯常的惩罚,而根据上帝的律令,这些惩罚原本应加诸企图引进偶像崇拜的所有其他人。最后,犹太人的宗教中另一显著之处为:鉴于国家与宗教间如此紧密的联盟,宗教可被恰当地称作国家的基石,上帝藉着收回犹太人共同体建诸于上的那块土地的权威,明白无误地使犹太人严格遵守宗教。综上所述,国家的安泰,绝对依赖对宗教的应有遵奉;国民的执法官必须知晓可能威胁或破坏宗教的行为。这一点在上帝的律法中明明白白表现了出来,集中体现在《摩西书》里。

---

[20] 《历代志上》,24:3、4、5。

11. 基督教和犹太教
截然不同

　　基督教在很多方面有别于犹太教,不仅因为基督教代表我们的救世主耶稣基督现身尘世,使我们摆脱了许多仪式和祭礼——这些仪式和祭礼曾是他将要来到我们中间的象征;而且因为,上帝把特殊的天意赋予了基督教,使其有资格应该、并且可能获得所有民族无偏见的接受,从而最终享有普世宗教的名声。而犹太人对神的崇拜与他们的国家太为契合,难以适应任何其他民族的政治形式,因而除了犹太人自己以外,无法为任何其他民族所接受。另一方面,今天的基督教不拘于特定的殿宇或寺庙,在任何地方,人们只要虔敬地举起双手,就可以祈祷。[21] 我们无须带着昂贵的祭礼去向上帝祈祷,因为上帝接受的祭礼并不是用金银所能购买的。同样,传播福音的人员也不是某一特殊民族或家族的特权,所有基督徒都一视同仁地被称作"上帝的祭司"[22],只要有必需的资格,没有谁能被排斥在外;唯一的例外是,使徒保罗禁止妇女讲道。[23]

　　最后,每个民族在基督教中地位平等,任何一个民族都不能要求

---

[21]　《提摩太前书》2:8。

[22]　《启示录》1:6,5:10。

[23]　《提摩太前书》2:12。

特殊的权利或权力,每个民族在基督的善行(Merits of Christ)中占有均等的份额。"并不分犹太人、希腊人、自主的、为奴的、或男或女,因为你们在基督耶稣那里都成为一了"。[24] "在此并不分希腊人、犹太人、受割礼的、未受割礼的、化外人、西古提人(scythian,又译锡西厄人。锡西厄为古代欧洲东南部以黑海北岸为中心的一地区。——译者注)、为奴的、自主的,唯有基督是包括一切,又住在各人之内。"[25] 犹太教只适合于一个特定的国家,因此犹太国家随着犹太教同时兴盛,而基督教并非如此,它是在全世界各个公民社会都已经建立起来后才被引入的。这个问题的要点是,在基督教被引入后,原先的公民社会或主权者权利的本质是否被改变?是否随着基督教的确立,一种新的区别并独立于公民权力的政治样式会同时被引入?或者说——这与上述说法实质上并无二致——教会是否将被看作一个国家,区别并独立于应由人类的力量和权力统治并维持的公民的国家?我们理解的"国家"(state)这个词,就是指数量可观的人民结合起来进入一个独立于公民社会的社会,接受他们自己的法律和统治者的统治。

---

[24] 《加拉太书》,3:28。
[25] 《歌罗西书》3:11。

12. 对摩西为犹太人共同体奠基行为的一些思考

为了追溯该要点的本原,犹太教会与国家的创始人摩西的行为必须得到应有的考察;同时还要考察人类的救世主、基督教会的创立者耶稣基督的行为与摩西有多大的不同。摩西遵奉上帝的命令,把亚伯拉罕等人类祖先的子孙从埃及人的奴役中解救出来,并根据上帝与人类的约定,带领他们来到上帝许给他们的乐土——迦南(巴勒斯坦一地区,在约旦河与地中海之间,据传由上帝赐给亚伯拉罕及其后裔,见《创世记》;《圣经》上也用来指巴勒斯坦——译者注)。㉖ 在那里,他将建立一个新的共同体,同时创建这一共同体的教会与公民的法律。因而,摩西能更好地建立起他的权威,不仅在他的同胞之间,而且受到迄至那时仍将他人置于自己权力之下的埃及人的认可;通过异乎寻常的神迹,摩西确实向他们证明他受到神的委托,显示了最多的证据,证明他与上帝之间有着密切的联系。㉗ 这些神迹在埃及国王心中引起恐惧,以至于最终击败了他的顽固;否则别人不可能以优厚的条件把他数量如此众多的臣民带走。这么多的臣民,他们的数量足以形成一个新的、坚强的国家:犹太人被摩西行的神迹触动,并认识到从他手中获

㉖ 《出埃及记》3:8。

㉗ 《出埃及记》3:11,20;4:21;11:9,10。

得的好处,明白上帝站在他的所作所为之后,因此,犹太人愿意接受他当他们的君主和统帅。当他活着时,他就身居最高位行使君主的权威,因为他既为他们创制教会法和公民法,同时又决定他们的整个政体。他执掌正义,对犯罪者施以严厉的惩罚。除了维护和修饰公共宗教机构以外,那时没有别的理由向人民征税。他极警惕地守护着人民的财产,如果遭到敌人的侵犯,他就用武力来保护。最后,当他知道自己不久于人世时,便指定了继承人,继承人将担当人民的统帅,继续带领他们居住在一直为他们设计的乐土之上。由此可见,摩西在世时显然创制了君主之职,显然是犹太人的国家或共同体的创建者。

13. 当我们的救世主在地上建立教会时,他做了些什么

　　但是,让我们看看我们的救世主耶稣基督:他的行为与摩西截然不同;由此可知,他的意图并非在尘世建立一个新的国家。确实,他因其神迹而博得大量的信赖与权威,但这些都是无甚恐吓性的神迹,即对任何人都无害的神迹。因此,当他的门徒想劝他吩咐火从天上降下来烧灭不接待他的人时,就遭到了他的严厉叱责。[28] 耶稣基督曾向人显示的主要神性,总是趋向于使他人受益;他行的神迹,也具有如此的性质,即必须能引来所有人类的爱与善意;这也就同时显明而确凿地证实了耶稣基督的神性,这样的神性丝毫不亚于不靠自然手段而在自然过程中引发运动或改变的神的力量。基督周游四方,行善事,医好被魔鬼压制的人。[29] 所有这些与创建一个新国家的安排毫无关联。耶稣是有些门徒,但他们人少势单、赤手空拳、一贫如洗、职业粗鄙、地位低下、人微言轻,以至于毫无可能有建立自己的国家的意图,也毫无可能在其他国家掀起政治动乱或骚扰。而当人们认识到他的教诲和神迹所带来的益处,好多次呼他为王时,他却逃了,并消失无踪。他对其追随者最重要的关照就是,以他的信条教导他们;追随者因此被称为

---

[28]　《路加福音》9:54、55。

[29]　《使徒行传》10:38。

门徒，反过来，他也被称为师傅或教师。他没有创制什么新法（至少没有创制那些指向建立新国家的新法），但却解释了迄至那时人类普遍具有的古老之法，劝诫人们应该遵守这些法律。他决没有行使法官之职，㉚不，确切地说，他拒绝作仲裁者，以向世界表明他的到来不是为了这类目的。最后，他自己向别人纳税；尽管他有力量摆脱，但还是在别人的裁决和执行下受难。所有这些与世俗主权的本质与职责毫无一致之处。

㉚ 《路加福音》12:13、14;《约翰福音》8:11。

14. 基督不是新共同体或 国家的创建者

　　若我们充分认识到基督从未按照意在为新国家奠基的法规行事,则上述事实可愈加昭明。因为,为新国家奠基的法规要优先关心构建一新的人民,即要有一定数量的人民支持此法规,他们愿意、且其数量足以联合成一公民政体。新的人民之形成,或从其他共同体立时分离并聚集而成,如摩西的所作所为;或由其他共同体逐渐转归新的共同体,如罗慕洛斯(Romulus)汇聚成罗马的人民。不过我们很容易看出,救世主基督的意图具有截然不同的性质。其门徒数量不多,与一个民族或国家的组成者毫无相似之处;其门徒所受教的事务,与建立一个新共同体也绝无关联。由于从未宣誓效忠于基督,所以门徒对基督的依赖绝非臣民对君主的依赖,那是一种门徒对导师的依赖,发自对基督人格与教诲的爱与崇敬。㉛ 有时也会有大量人群蜂拥围住基督,但那只是为了听他的讲道和见证他行的神迹;一旦讲道和神迹结束,人们也就各自回家。基督也从未显示出些微命令的倾向,遑论使人们违逆各自的主权者。最后,当基督死日临近,他最信任的特别的朋友和信徒都销声匿迹,不敢公开露面。当说到"基督徒"时,我们并不是指服从于特定政府的某一民族或国家,而一般是表白某一信条或宗教。

㉛ 《约翰福音》6:66、67、68。

15. 基督没有任何领土

想要建立一个新共同体的人应该关心的重点之一为，如何获取相当数量的土地，以供其新的臣民安置人口和财产。因此，当摩西看到不可能在埃及境内建立犹太人共同体时，就带领他们进入沙漠，穿过不归属于任何政府的地区，直至征服迦南，赶走迦南的古代土著。在犹太人被赐予这块土地之前，他们并非是缺少自由的民族，因为他们迄至那时为止均独立于任何外来权力；而且，尽管他们有时行进在别的君主的边界上，他们也不受这些君主的管辖；这部分是因为没有人曾对那些领土提出过特别的要求，或者说，即便有人确实提出过，他们也是像雇佣军那样，准备用剑锋获取对这些土地无依据的要求和权利。可是基督自己却曾说过，他如此贫穷，"乃至没有枕头的地方"。[32]他总是与获取财产或土地的企图如此遥远，也从不鼓动他的追随者去这样做，因而他终其一生宁愿选择活在别人的领土内、接受公民社会的管辖。

---

[32]　《马太福音》8:20。

16. 基督没有行使主权权力

　　还可以从许多显而易见的情形中明白无误地推断出,基督未曾做过、或意图做过尘世上的一位君主。当西庇太儿子们的母亲求我们的救世主,把她的两个儿子提升到基督王国的最高地位,基督拒斥了她的无知之请,并向其门人预言,自己的身外荣耀与尘世升迁微不足道,而所受迫害却严酷深重;不仅如此,他还明白告诫并吩咐其门徒,不应像尘世君主那样企求卓然超越于他人。他说,"在你们中间不可这样",从而令其门徒生活于彼此平等与兄弟般的关系中。③ 为了以身作则清除残余的傲慢,他当着门徒的面,折节为仆,为圣彼得洗脚。④ 最后,就新的共同体的初创而言,其开国者寿祚长久具有重要的意义,由此他才能为新的共同体奠定更牢固的根基。正是出于这个原因,大卫的士兵才不再让大卫亲身参加战斗,以免熄灭以色列之灯,⑤他一人之生命虽千万人不能相较。但是我们的救世主却在公开活动了短暂的四年后,自愿赴死,而且并没有指定继承人在他身后对其教义追随者行使权力或权威。

---

③ 《马太福音》20:20 以下。

④ 《约翰福音》13:9,10。

⑤ 《撒母耳记下》21:17。

17. 基督只有作为教义阐明者或教师的职责

耶稣基督经其在尘世短暂的逗留，没有表现出一点儿与尘世君主气度类似的迹象；从其所作所为中，不能获知些微事实，足以证明其意在建立一个新的国家或共同体；由此充分显示出，基督以其尘世的所有公开言语，尽时尽心传布上帝的教诲。他在世人眼里是教义传播者和导师，作为人类救世主的使命只是通过把预言的古代神谕付诸其身而被理解。[36] 进而，利用这些可作为其神圣权力显著证据的神迹，我们的救世主建立并显示了他的权威。这部分是因为那些将被废除的古代仪式因上帝的特别命令而被运用；部分是因为耶稣基督的教义的最关键要点超越了所有人类的理解力。但是，他传授教诲的方式却如此平实易懂，绝无空洞的说教和装腔作势，丝毫不会使人们怀疑崇信的真实性。尽管他的教诲切合生活，明白如话，但却有如此强大的魅力；若比之我们救世主浑然天成的言语，人类所有的技艺、灵敏、雄辩能够创造的此类形式，都会流于多余和苍白。我们既没有发现他利用任何外在的手段推行其教义，他也没有求助于世俗统治者的权力和权威来迫使人民接受教义。如他所说，能接受的，就让他接受。而我们时常

---

[36] 《约翰福音》1:29。

读到他向人们呼喊:"有耳可听的,就应当听。"㊲把人们推入天堂并不符合全能的上帝的意愿;也不是利用新的法国方式靠龙骑兵强迫人们皈依,耶稣只是向我们敞开了得救的道路,而没有从其中完全排除我们自己的选择。因此,如果我们是顽固不化的,那么这就是我们毁灭的根源。而且,他的教义也没有劳动全能的上帝用利益和暂时的快乐引诱人类,恰恰相反,他预言那些将追随其教诲的人会遭受逆境、灾难、迫害和所有种类的痛苦折磨,只有在他生命终止后才会得到最主要的报偿;而届时那些不理睬他的教诲的人将接受应有的惩罚。这是基督教教义内在非凡价值的最显著证据。人类一般的自然宪章,主要由代表和影响我们感官的目的推动,鉴于那些目的只是从远端呈递给我们的心灵,因而只有被我们接受的微弱可能,且经常遭遇模棱两可的解释。因此,观察耶稣基督运用其教义的方法是有价值的。正如《马太福音》7:29节所说:"他教训他们,正像有权柄的人,不像他们的文士。"他并没有求助于他们古老的拉比(犹太教负责执行教规、律法并主持宗教仪式的人员。——译者注)的权力和传下的戒条,如是则只会成为犹太古老律法的解释者;相反,他像主那样说话,是立法者,本身便具有合法的权力来提出教义。这是我的意愿和命令,谁敢否认? 当耶稣基督向接受他教义的人许以巨大而丰厚的回报,向拒绝倾听他的人给予永入地狱之威胁时,他即在行使王的权力,如同他教导的职责一般。"不信他的人,罪已经定了",㊳这是他的原话。这与任何思辨科学相反,因为不理睬思辨科学并不会使任何人受惩罚。圣约翰就是在这个意义上向我们诉说救世主事迹的。㊴犹太人如此想毁灭基督,其原因是,他们厌恶他的教义,也不承认他是弥赛亚降临。尽管之前他们曾许久获得过这样的许诺。但在当时他们并没有受到有罪的判决;他们给基督捏造叛国和造反的罪名,好像他的传教会使他成为犹太人的国王。耶稣以这项指责而被彼拉多审讯,但他没有否认指

㊲ 《马太福音》11:15,13:9、43;《路加福音》8:8,14:35。

㊳ 《约翰福音》3:18。

㊴ 《约翰福音》18:37。

责,而是作了一个美好的见证,⑩即"我的国不属于这个世界"。⑪ 此言足矣。耶稣的王国与那些向臣民行使主权的世俗君主的王国不同,假如耶稣真的觊觎与世俗君主同样的特权,他应该命令他的仆人——不是他早期的门徒,而是随时听候他命令的强大的天使军团⑫——保护他们的主人免遭彼拉多之手。而当彼拉多问到,他自称是王吗?耶稣回答,他是王,但是真理之王,正是为此,他才来到世间为真理作见证。⑬ 根据耶稣所说,彼拉多立即明白这件事不属于他的管辖权,因而又问:"什么是真理?"这就如同说,假如对你没有其他指责,只是指责你对真理的表白,那实际不关我事,因为真理不属于世俗的管辖权。就算是包含了那么多民族在内的罗马帝国的法律,对于其臣民宗教上的各种观点也没有管辖权,这在《使徒行传》⑭中清晰地表达了出来,也表现在安西纳哥拉斯的辩护中。⑮ 如果彼拉多不是最终认为,顺从犹太人的狂怒牺牲无罪的耶稣,可以更方便地安抚犹太人的怒气,他本可以依据这个理由开释耶稣。但耶稣基督公开承认这一点后(见《约翰福音》18:37。——译者注),便拒绝进一步回答彼拉多——这是合理的,因为彼拉多并不愿意接受这一真理的教导。因此,基督的王国便是真理的王国,在那里,他用真理的力量,使我们的灵魂遵从他,而且这一真理具有如此强大的吸引力,从而使基督的王国不需要靠强制性的手段和法规来维持;而世俗权力却要靠强制来维护臣民的服从。基于同样的理由,也没有必要为宣传和保存真理而建立具体的国家,至多只需建立一个单独的共同体,使哲学和其他科学有教授的场所。因为真理真正的源泉和内在的优势只由其自身确证,要是真是真理,

---

⑩ 《提摩太前书》6:13。

⑪ 《约翰福音》18:36。

⑫ 《马太福音》4:11。

⑬ 《约翰福音》18:37。

⑭ 《试图行传》18:14、15,26:31。

⑮ 安西纳哥拉斯是雅典一名基督教辩惑者,公元177年他在向罗马皇帝马可·奥勒利乌斯(Marcus Antoninus, 161–180年在位)和康茂德(Lucius Aurelius Commodus, 177–192年在位)的传信中为基督徒不信神、同类相食、性变态进行了辩护。即《为基督徒辩护》(A Plea for the Christians)。参见注释181。——英文本编者注

就可能以其真正的形态呈现出来；至于真理为人类带来的好处和果实，则会根据人世的观点而灵活地提出来。但是神圣的真理具有超越其他的特殊优势，即凭借并依靠上帝的恩典，我们的精神在不知不觉中就被拉入对一些看来是超出人类理解力的事情的信仰。

18. 使徒传播我们 救世主的教义

从人类交往事务中抽身后,耶稣基督在真理的王国中确实派了他的使徒接替,但不是让他们和他平级,即不是让他们也当王,而是作为大臣和传令官宣传他的教义。他说:"父怎样差遣了我,我也照样差遣你们。"[46]但是,父是怎样差遣他的呢? 正如以赛亚[47]和圣路加[48]所说:"传福音给贫穷的人,医好伤心的人,解救被掳的人。"因此,"真理之王"的头衔是个特殊的头衔,它只属于耶稣基督。他告诉使徒们:"你们不要受师尊的称呼,因为只有一位是你们的师傅,就是耶稣基督。"[49]使徒们的天职是,教导所有的民族遵守基督吩咐他们做的。[50] 圣保罗把他的职责称为:"成就我从主耶稣那里所领受的职事,证明上帝恩惠的福音。"[51]使徒在耶稣的追随者中拥有最高的地位。[52] 但"使徒"一词指的是传教士,或受人差遣的人。因此,他们从自身中找不到力量或

---

[46] 《约翰福音》20:21。

[47] 《以赛亚书》61:1。

[48] 《路加福音》4:18。

[49] 《马太福音》23:10。

[50] 《马太福音》28:20。

[51] 《使徒行传》20:24。

[52] 《以弗所书》4:11。

权力来传授教义，只能教导别人他们从基督那里接受的东西。而且，在我们的救世主死后，他们非常沮丧，陷入惊慌失措的恐惧，而耶稣却以圣灵安慰他们，给他们力量，使他们能够不顾犹太人和所有针对他们的危险而抛头露面，去传播福音的教义。尽管多样的语言是向外传播任何教义的主要障碍，(53)但使徒们都被圣灵充满，按圣灵所赐，说起各种语言，(54)这使他们能够把各民族连结成一个信仰的联盟。而那些意在为一个新共同体建立基础的人，所能接受的最大限度的国家，其臣民也只使用一种语言。同样值得我们关注的是，在使徒们运用的语言中，(55)有着一些民族的语言，他们是安息帝国的臣民，那时的安息人是罗马人的仇敌，其仇视敌对的程度恰如今日之日耳曼人与土耳其人。尽管这些民族之间存在着永久的仇恨，尽管在他们之间保持沟通有许多有待克服的困难，尽管这些都使他们无法在一个首领或政府下联合起来；但是在真理的王国下，他们中间建立起了信仰的联盟。

---

(53) 《哥林多前书》14:9、10。

(54) 《使徒行传》2:4。

(55) 《使徒行传》2:9、10、11。

19. 使徒仅从上帝那里得到权力、独立于任何人间权力

  使徒在履行他们的职责时,比教授人类科学或学说的人拥有更多的权力;因为除了根据同意,或至少是更高权力的默许,科学与学说无法妄求任何公开教授的合法权力,而当权者因其喜好,会随时停止他们的活动。但是使徒们的事业与此不同,他们传授的使命源自基督,从而不能被任何世俗权力取消——世俗权力的命令不外乎迫使他们沉默或改变他们的教义,在这个意义上,如果他们拒绝听从世俗权力的命令,他们也不会被视作不服从或公然反叛。引人注目的是,基督通过序祷吩咐他的使徒,此时他正准备派遣他们去履行他们的使命,他说:"天上地下所有的权力都赐给我了。"⑤此处的权力不可误作如主权者加之其臣民的世俗权力,而应理解为引领人类通向真正的得救道路的权力,当基督对天父说到他自己时,这个意思已明白显示出来:"正如你曾赐给他权力管理凡有血气的,叫他将永生赐给你所赐给他的人。认识你为独一的真神,并且认识你所差来的耶稣基督,这就是永生。"⑤圣路加也转述他的话说:"听从你们的就是听从我,弃绝我的

---

⑤ 《马太福音》28:18。

⑤ 《约翰福音》17:2、3。

就是弃绝那差我来的。"⑱圣徒们因而不能因任何地上的世俗权力而免除在全世界传播基督教义的命令,受洗便是表示已接受这一教义。他们被赐予行神迹的能力,以此证明其权威和教义的真实性;当教义为如此众多的人宣传和接受时,这些神迹就变得没有用处了——就像一些国家有这样的习俗:在颁布新法律时,会伴以号角,而在此之后宣示法律,则不会再次吹响号角。由于他们从基督那里接受了权力,所以当雅典人说"这胡言乱语的要说什么"时,⑲对圣保罗毫无影响。仅因为他们要取消古已接受的仪式与惯例,无法对其施以公正的惩罚;当有人命令他们停止传播教义时,他们能够合法地拒不遵守;因为,"他们应当顺从上帝,而不是顺从人"。⑳ 更确切地说,他们更能经受肉体的惩罚,而不能背弃基督的教义。㉑ 而那些以暴力反对基督教义的君主,离行使合法的世俗权力如此遥远,以至于他们宁可犯反对上帝的滔天罪行:他们亵渎了上帝的使节或臣仆;而人尽皆知的事实是:世俗君主派遣的大臣都要受到不容侵犯的尊敬。

---

⑱　《路加福音》10:16。

⑲　《使徒行传》17:18。

⑳　《使徒行传》4:19,5:29。

㉑　《马太福音》10:28、32、33。

20. 使徒从来没有承担命令 他人的权力

  除了宣讲福音的权力外(为此甚至可以反对任何世俗政府的命令),在整个使徒教义中再也找不到与命令或强制力量有丝毫相似的东西。这并不是否认,有时若没有某些强制或命令,教义就不能很好地被遵循,尤其是对年轻人而言;但这些强制和命令源自家长式的权威,由此,它们被赋予了其他人。而使徒们却要教导整个的不同民族,为此他们各自独立行动,其教导也已超出了学校的训诫。一个单个的血肉之躯(也有可能是两个),没有武器,能够胆敢用强制力做什么来对抗整个民族或共同体呢? 因此,使徒说:"我们的武器并不属于血气,而是一种依靠上帝的力量,它能攻破坚固的营垒,摧毁妄想和所有阻碍人认识上帝的那些自高之想;又将人所有的心意夺回,使他都顺服基督。"⁶²这样的武器在前面的第六段已更为明白地描述过,即"忍耐,磨难,穷困,忧苦,鞭打,监禁,劳作,不食,不睡,无瑕,知识,仁爱,圣洁的灵魂,无伪的爱心;真理的言词,上帝的大能,正义的甲胄,诸如此类。"⁶³在另一些段落,它们可能更充分地出现过,特别是在使徒书信中的《以弗所书》6:11 节,《哥林多后书》8:8,9:7 节,《歌罗西书》1:23、25 节,《帖撒罗尼迦后书》3:12、14、15 节。确实,在盛大的晚餐进行

---

⑥² 《哥林多后书》10:4、5。

⑥³ 《哥林多后书》6:4、5、6、7、8。

时,宴席的主人命令他的仆人们出去,坚决去请贫残的路人到他家里赴宴。⑭ 这就像是强迫他们来一样,但并没有用暴力或威胁的手段,⑮也没有把他们硬拖进来;而是用一种与如此盛宴相称的邀请方式——即祈求和劝告——达到的;这样便使他们认识了主人和宴会的庄严高贵。圣保罗也用相同的语气表达了这一点:"我们是基督的使者,就好像上帝藉我们劝你们一般。我们替基督求你们与上帝和好。"⑯更具说服力的是,作为基督的使者,他们从未自封任何针对其出使人群的权力,而完全依靠说理和劝导来取得人们的合作。圣保罗用的"牧养"这个词,丝毫不意味着控制,而只是指应当提供食物,特别是因为我们的救世主耶稣曾明确地告诉彼得:"牧养我的羊,不是你的。"⑰这样说不是要他只按照上面说的话去想,他有自由按自己的决定处理他的羊群;而是要让他认识到,他要遵守的规矩是同样的,这些规矩人类的祖先雅各就已正式地为自己规定过。⑱ 最后,我们的救世主耶稣说:"凡不接待你们,不听你们话的人,你们离开那家,或是那城的时候,就把脚上的尘土踩下去;让他们在最后审判日接受蔑视福音的应有惩罚。"⑲此时,他的意思已经很清楚了。圣保罗在安提阿和哥林多就是这么做的。⑳ 这些信条还可见于《哥林多前书》第二章的 2:2 到 22、23、24 诸节,以及第十四章;《提摩太前书》2:8,5:9 节,还有同样性质的其他段落。它们都丝毫不含有控制或立法权力的意思,只是一些道德戒律和教义要点。

---

⑭ 《路加福音》14:23。原文注误为 Luke 14:3,对照《圣经》修改。——译者注

⑮ 胡格诺教徒皮埃尔·巴勒(Pierre Bayle)用耶稣的话开始论证下述道理,即没有什么比用暴力改变人们观点的做法更卑鄙。参见《关于路加福音 14:23 节的哲学评论》(1708 年)。*Commentaire philosophique sur les paroles de Jésus Christ* "*Contrains-les d'entrer*",英译名为 *A Philosophical Commentary on the Words of the Gospel*, *Luke XIV*:23, "*Compel them to come in, that my House may be full*" (1708), reedited by J. Kilcullen and C. Kukathas (Indianapolis, Ind.: Liberty Fund),即将出版。——英文本编者注

⑯ 《哥林多后书》5:20。

⑰ 《约翰福音》21:17。

⑱ 《创世记》31:38、39、40。

⑲ 《马太福音》10:14、23。

⑳ 《使徒行传》13:51,18:6。

21. 教导的权力是否意味着间接命令他人的权力

　　有人或许会提出,使徒及其继承者可能至少会使用非直接的手段,向基督徒行使权力。就是说,他们要求基督徒在其他事物上也服从自己的权力,否则就不传那向人类显示得救之路的福音。人们宁愿在其他事物上服从而不要让自己脱离通向天国的教义,不要使自己遭受永久的惩罚。试问,谁不会这样做呢? 可是,这种敲诈勒索的念头与使徒们毫不相干——他们乐意给予,不求回报,把妄图拿福音作交易的行为定为十恶不赦之罪。圣保罗说:"我传福音原没有可夸的,因为我是不得已的。若不传福音,我就有祸了。"⑦我实在看不出,使徒们怎样才能靠福音为自己谋利。因为,不被理解的东西就得不到珍重;如果使徒们点燃了人们对福音的渴望,就必须在第一时间教导他们福音。没有任何理由设想,一个宁愿舍弃性命也不会丢弃教义所赋予的职责的人,会犯下如此的罪行。况且,福音的教义现在已经远播海外,如果一个省或共同体的神职人员不向未能满足自己要求的本地人传福音,则此种企图注定是徒劳的;如果他们执迷不悟,那么他们被取代的时机就到了。基督也没有把他的教义仅仅委派给神职人员传授,没

---

⑦ 《哥林多前书》9:16。

有采取传统的口耳相传的方式;相反,他将其形诸文字,并不交给某个教师团或其他团体保管——如果是那样,这个特殊团体将有特权翻阅它,就像西卜林书保存在罗马一样[72]——而是给予了每个人普遍的权利去仔细阅读,并使所有人可在基督教义和属于福音范围的观点上自己指导自己。但是如果一位外国的神职人员要禁止在另一个共同体进行的宗教崇信,几乎没有人——除非充满了先入之见的迷信——会稍微认真地考虑。在我们的时代,威尼斯就提供了一个这方面显著的例子:尽管威尼斯人是罗马天主教徒,但不管教皇的命令如何反对,他们仍要求其神职人员履行新教牧师的职责。

---

[72] 普芬道夫说的西卜林书(Sibylline Books),是传说中的女预言家西比尔(Cumaean Sibyl)准备卖给罗马第七代国王塔奎尼乌斯(Tarquinius Superbus)的一套预言书。由于国王不肯付她出的价钱,西比尔就烧了其中的六本,然后把剩余的几本卖给了国王。预言书保存在卡匹托尔山(Capitoline Hill)上的朱庇特神庙里,由一个祭司组成的委员会——开始是两人、后来为十人、最后扩展为十五人——应元老院的正式请求而进行咨询。另有西卜林神谕(Sibylline Oracles),为传说中的希腊女预言家所作,是一部集中了犹太教和基督教教义的神谕式的预言。西卜林神谕的真正撰写者应该是公元前150年到公元180年的犹太教和基督教作者。——英文本编者注

22. 赦免的权力是否意味着任何主权权利

福音中说,我们的救世主把天国的钥匙给了圣保罗及其他使徒,这样,"凡是他们在地上所捆绑的,在天上也要捆绑;凡是他们在地上所释放的,在天上也要释放"。[73] 这是一件最为至关重要的事,需要多加注意。恰当地讲,整个这件事是最为重大紧要的,就是说,它显示了驱逐有罪的人出天国、接纳由他们赦免的人入天国的权力。那么,从一个有罪的人身上得不到的东西是什么? 特别是当一个人不能不加思索地服从神职人员对他的要求时,神职人员拒绝赦免他的依据是什么? 由于允许对《圣经》经文进行不同的解释,就更应该对"天国的钥匙"这一隐喻的真正含义作认真思考。在《启示录》1:18 节,上帝之子自己说,"他拿着死亡和阴间的钥匙"。有人的解释是,上帝之子有着施加惩罚的权力,他好像在说:"我握着在阴间毁灭精神和肉体的权力",如同《马太福音》10:28 节所表达的。据此也可以理解从死亡和阴间解救的权力,还有那摧毁死亡和地狱之力量的权力。另有说律法师的,"他们握有知识的钥匙",[74]用来教人以智慧。知识和智慧的真实源泉,对哪一个在其职责中具有最为独特作用的解释,这些都可以通过

---

⑦③　《马太福音》16:19;《约翰福音》20:13。

⑦④　《路加福音》11:52。

《圣经》经文本身得到理解。在《启示录》中,上帝之子说,"拿着大卫的钥匙,开了就没有人能关,关了就没有人能开的"。⑦ 在《以赛亚书》第22章,说西勒家的儿子以利亚敬,"将大卫家的钥匙放在他肩头上;他开,无人能关;他关,无人能开"。⑦ "钥匙"这个词,不能解释为专制的或暴君的权力,应理解为一种有用的职责,就像圣保罗和其他使徒身体力行的上帝奥秘事的管家职责。⑦ 根据上述引述的经文,若进行恰当的比较,当得出一般的判断,即握有某一事的"钥匙",如同是说"拥有到达或通向它的手段"。但这些手段多大程度上由我们支配,应该怎样使用,则必须依据其他条件推断出来。

⑦ 《启示录》3:7,9:1。

⑦ 《以赛亚书》22:22。

⑦ 《哥林多前书》4:1。

23. 可以从赦免罪孽中
理解什么

进而言之，需要思考这些钥匙如何合适地用来约束和宽恕罪孽，因为当我们的罪孽被消除时（或者达到同样的效果），若我们的罪孽得到宽恕（这样说并未忽视得救的其他方面），天国就对我们敞开。但是只要罪孽仍然留在我们身上，产生着恶的后果，天国就会对我们关闭，因为任何不洁净的东西都不能进入那里。如果要对使徒宽恕和保留罪孽的权力进行真正的判断，就应当合理地探问对宽恕与保留罪孽作何种理解。当一个人做了一件非正义的事，那他既侵犯了立法者——其权威遭到违背，又侵犯了他自己——他因其行为而遭受损害。除此之外，还会产生这样一种性质的侵害：就其对社会成员名誉的损害而言，它会触动整个社会；一个人的犯罪，经常会被归咎于社会全体。因此，从立法者、个人或整个社会因这类侵犯而受的损害中，就存在着反对侵犯者的行动；其情理与债权人有权起诉与其有合约的负债者以讨还债务相似。就这一方面而言，在《圣经》中，罪孽经常被要求偿还。但是，在这个双重、有时甚至是三重的行动中，即一项侵犯行为损害了多个主体，他们之间可看作互不相关；这样，就算消除了对某一主体的侵犯行动，其他的仍然完全存在：当被侵犯的人不能得到来自侵犯者的赎罪和补偿时，上帝就不会宽恕罪孽;[78]同样,侵犯者可以甘心顺从被侵犯者的处置,但他必须还要寻求上帝对其罪孽的宽恕;而当侵犯行为影响了整个社会的声誉时,侵犯者应该通过乞求所有社会成员的原谅来谋求他重新被社会接受。因此,宽恕一项罪孽,和宽恕一种行为、或把某人从一项被侵犯者反对侵犯者的行为中解脱出来,是同一件事。可以恰当地说,一个因受到侵犯而采取行动反对侵犯者的人,在其行动达到的程度,具有宽恕那一侵犯行为或罪孽的权力。上帝自身不会运用无限的宽恕罪孽的权力,即不顾其他,仅仅凭上帝乐意与否,便宽恕某些人、处罚另一些人。因为如果随意地宽恕侵犯行为——就是说,不管其他,仅凭乐意与否——将会置法律于无效的境地;当上帝同时准许违法法律时,他制订法律的行为就将毫无成效。[79] 同时,由于为我们的侵犯行为向全能的上帝赎罪已超过了所有人类的权力,我们的救世主耶稣才在正义与仁慈之间,运用最了不起的中庸节制(moderation)来亲自赎罪;这样,无论是谁,只要在信仰上与他一致,都能得到上帝对其罪孽的宽恕。至于由人类掌握的宽恕,上帝则令他们在侵犯者乞求宽恕时不要太苛刻,因为我们每个人每一天都在期盼全能的上帝能宽恕我们的罪孽;况且,我们有时也会冒犯我们的邻人,如果他们也苛刻地对待我们,那么我们的处境就极为可悲了。为此,我们应该"免我们的债,如同我们免人的债"。[80] 当侵犯行为给整个社会造成恶劣影响时,我们也不要对有罪者太过严苛,当他们深刻忏悔时,我们不应该拒不宽恕。[81] 我们还需进一步研究下述文字,即基督站在被侵犯的一边宽恕侵犯行为时所说的:"我实在告诉你们,凡你们在地上所捆绑的,在天上也要捆绑;凡你们在地上所释放的,在天上也要释放。"[82]上述文字的意思不是只适用于他的门徒:它们不仅是针对使徒讲的,而且也针对普通的信徒。

---

[78] 《马太福音》5:23、24。

[79] 《希伯来书》9:22;《马太福音》5:18。

[80] 《马太福音》6:12、14、15;5:25;18:21 以下。

[81] 《哥林多后书》2:6、7、8。

[82] 《马太福音》18:18。

24. 在谁的名义和权威下使徒们行使赦免的权力

假如使徒们要宽恕不是针对他们自己的罪孽时,那么必须设想,当他们宽恕罪孽时,或是以罪孽针对的特定受害者的名义,或是以整个社会的名义,或是以某些立法者(人的或神的)的名义。现在能确定的是,不经当事人的命令或同意,没有人能够取消他的合法行为,就像不能合法地拿走别人的权利和财产一样;接着,首先绝对必要的是,要同受害者和解,没有这一步,我们也不能寻求全能的上帝的宽恕。至少,侵害者需要率先有坚定的决心在其力量范围内给予补偿。基督说:"就把礼物留在坛前,先去同弟兄和好,然后来献礼物。"㉝圣保罗也提出对腓利门偿还他从阿尼西谋那里受的损害。㉞ 这里显示了普遍共同的律令:没有偿还,就没有对罪孽的宽恕。因为一边向全能的上帝就一项非正义的行为进行真正的忏悔,一边却在享用这一行为的好处,这荒谬绝伦且自相矛盾。但是,当要宽恕一项伤害整个社会的严重罪行时,使徒们有其责任在其中,这在《哥林多前书》5:4、5节,《哥林多后书》2:10,11:29节里已经说了,而且将来也要作更多的研究。这里只需提请注意一点就足够了,即在这类情形下,他们运用了什么权

㉝ 《马太福音》5:24;同样见《路加福音》19:8。
㉞ 《腓利门书》1:19。

力——这种权力大大低于他们保留或宽恕罪孽的权力。不过,在国家的主权和立法权的名义下宽恕罪孽,并不是使徒们做的,因为他们受的委托和权力不能干涉公民司法,也不能减少其特权;因此,世俗行政官可以正当地依据该国法律惩处侵犯者,尽管他们已经与上帝和解。使徒宽恕罪孽的唯一方法是以上帝的名义——正是上帝的权威使他们接受了委托。在下述文字中这一点得以彰显:"凡你在地上所捆绑的,在天上也要捆绑;凡你在地上所释放的,在天上也要释放。"⑧

---

⑧ 《马太福音》16:19,18:18。——英文本编者注

25. 这一权力的本质是什么

　　但是,当天国的钥匙已交给使徒们时,如果我们自己对授予使徒的权力,以及这种权力伸展到什么程度要形成真实的想法,那么我们就必须认真地思考:当基督来到尘世、生活在我们中间时,他是以什么方式宽恕罪孽的。在《马太福音》9:2 节,《马可福音》2:3 节,《路加福音》5:20 节、7:47、48、49、50 节,已经充分显示出:我们的救世主通过神迹证实了他赦免罪孽的权力,而这些神迹只能是神圣的力量的结果。除此之外,没有原告或被告,也没有公开或明确的坦白罪孽;但是一旦基督看到了他们的信仰,就宣告赦免罪孽。况且,如果我们仔细阅读整部《新约》,就会极为明显地发现,无论是基督还是他的门徒,都不是以犯罪最初得以查证的司法方式宽恕罪孽。哪里有信仰,哪里就有立即紧随其后的赦免罪孽。圣约翰说:"信他的人,不被定罪;不信的人,罪已经定了。"⑱在法庭上,要求侵犯者坦白罪行,坦白的程度当然与应得的惩罚相符;但是这样的坦白(无论是默默的还是公开的)并不是基督赦免罪孽的前提;基督赦免罪孽需要的坦白反而像那些受病痛折磨、期望康复的病人向医生的告白,就像《诗篇》的第 32 首"大卫的训诲诗"中 3、4、5 节所表达的;没有这样的告白,就不会有真正的忏

---

⑱　《约翰福音》3:18。

悔。因为,如果不能坦白和承认我们的错误,我们如何能够请求上帝或者受到我们侵犯的邻人的宽恕?㊲ 最后,我们看到的是,基督和他的门徒,在尘世蒙受上帝恩惠的时候,并没有意图建立一个法庭,而是在讲道,在宣告对罪孽的忏悔和宽恕。但是在讲到伟大的审判日时,《新约》说,上帝将以庄严的方式进行审判:"最高审判者坐在审判的宝座上,还有为协助他的人准备的座位,案卷展开了,每个人都凭着他所行的受审判",㊳而且没有上诉。需要注意的是,尽管我们得到了邻人对我们侵犯行为的宽恕,但是这并不总是意味着、也并不必然意味着全能的上帝的宽恕;因为有这种可能:我们虽然得到了人的宽恕,但是上帝还没有把我们从侵犯行为中赦免,就像对没有真正信仰、或者是个伪君子的侵犯者一样。另一方面的可能是,在我们得不到人的宽恕的情况下,已经被上帝赦免了罪行。例如,尽管我们乞求宽恕,并且已经做出了相应的补偿,但是我们的邻人还是拒绝宽恕我们的罪;又例如,一个沉溺于私人情感的牧师会拒绝宽恕我们;当牧师说"汝之罪孽于汝得宽恕"(Thy sins are forgiven unto thee)时,不能总是想当然地等同于基督讲这些话时的所作所为。因为只有上帝是我们的信仰、甚至我们的思想的审判者。人只能根据影响我们感官的环境或外在的标志作出判断,而它们常常是欺骗性的,与我们藏诸内心的东西相去甚远。在世俗司法系统的法庭上,某一案子根据证据的证明来审判便已足够,尽管这些证据可能与真相相反;而全能的上帝则完全以别样的方式搜寻到我们的心底,不会被伪君子所欺骗。同样,尽管牧师可以不断地说上一百遍"汝之罪孽于汝得宽恕"、"尔无信仰",但这可以对你毫无影响。最后不应该忘记的是:当上帝把天国的钥匙交给使徒的时候,并没有把他所有宽恕罪孽和依其宽仁接受悔过罪人的权力都交出去;通过神职人员途径的赦免,也没有阻止上帝自己使用这项赦免的权力。这样,当神职人员不公正地拒绝宽恕的时候,上帝依然保

㊲ 《箴言》28:13。(《约翰福音》1:9,《雅各布书》5:16。)

㊳ 《启示录》20:12。(引文与通行的圣经文字有出入,按照普芬道夫引文翻译。——译者注)

留了赦免罪孽的最高权力。是的,他绝对保留了最高的赦免权力;否则我们每天的祈祷——"宽恕我们的罪孽吧",将一无用处。正确思考的这些事实都是明显的证据,它们表明,"天国的钥匙交给使徒"的说法,应该根据福音书的教义来理解——福音书认为,信仰基督才能求得罪孽的宽恕。当使徒们向信的人宣讲这一教义时,福音书说他们宽恕了罪孽,这与说他们通过向信徒宣讲福音而救别人的意思是一样的。[89] 而相反,当他们向不信的人宣讲福音时,就说他们捆绑住别人,如同那些人将在天国被捆绑一样。[90] 因此,当使徒对信的人宣布上帝的仁慈和通过基督获得赎罪时,他们就打开了天国的大门;而对那些不信的人、拒绝接受这一教义的人,他们则关闭了天国的大门。据此,当一位教堂的牧师对特定的人运用这一福音的教义时,他会这样说:"若你根据你的坦白相信(上帝),以基督的功德,我宣布并确认宽恕你的罪孽;这样,现在就可以保证你在天国得到基督同样的宽恕;但是若你不信,则你的罪孽就不会被宽恕。"因为即便在牧师宣布赦免之前,宽恕罪孽也是信仰的必然结果;是否把赦免罪孽的仁慈教义用在信的人身上,并不能留给人的武断好恶去定夺;即使牧师拒绝宽恕,信的人仍然会在上帝面前得到开脱。这些语句突出地表明,根据我们救世主的意图,这些天国的钥匙并不是用来建立世俗的国家,也不是用来获取其他世俗好处的。基督吩咐使徒宣讲赎罪,把他们无所付出得到的东西也别无所求的给予别人,不能和上帝的教诲作交易。他们也不能通过宣讲福音使人服从他们自己,而不是服从基督;不是吗,圣保罗意识到这些不能不表示愤慨:哥林多人中间竟有人要听他的使唤,还有人要听亚波罗等其他使徒的使唤。[91]

---

[89] 《提摩太前书》4:16。

[90] 《约翰福音》3:18。

[91] 《哥林多前书》1:12、13。

26. 圣保罗是否被授予了针对其他使徒的特权

　　但是，无论他们的权力或职责的本质如何，所有使徒都在同等的程度上获得了同样的权力或职责，这样，没有一个使徒可以要求一项特别权力，或者至少说没有支使其他使徒的正当性。如果我们仔细阅读《圣经》中的几个规定并授予使徒职责的段落，就会发现使徒中间没有丝毫不平等的迹象。在《路加福音》22：26、27 节，《加拉太书》2：9、14节，《马太福音》16：18 节，罗马天主教徒⑫引起争论的东西⑬没有包含任何可以给予圣彼得优越地位的托词，更不用说给予罗马主教们凌驾于基督教会的权力了。圣彼得在上述的段落里坦承，"耶稣是永生上帝的儿子。"⑭这一出色的表白确实当得起基督恰如其分的回答，基督说：你是"彼得"，这就如同他说：彼得，坚持你的这一表白。这决不意味着彼得应该得到凌驾于其他使徒的特权，就像罗马天主教徒佯称的那样。因为圣彼得不是只为他自己作这一表白，而是以当时基督所面对的所有使徒的名义作的。当圣约翰以其他使徒的名义说（《约翰福音》6：69）："我们相信，并且确信，你是基督，是永生上帝的儿子"（文字

---

⑫　原文为 Romanists，带有贬义。——译者注
⑬　《马太福音》28：18、19；《约翰福音》20：21、22、23；《马太福音》23：8ff.；《约翰福音》13：14。
⑭　《马太福音》16：16。——英文本编者注

与通行本《圣经》不尽相同,根据普芬道夫引文翻译——译者注),其含义是相同的。彼得并不是第一个作如此表白的,因为在他之前,施洗者约翰㊟、圣安得烈㊟、腓力㊟和拿但业㊟已经这么做了。而且,除非承认耶稣是上帝之子,没有一个人会被看作是基督的真正门徒,以《圣经》中的若干段落证明这一点并不是什么难事。㊟ 况且,我们的救世主为了表明这一表白的重要性,接着讲了下面的话:"我要把我的教会建造在这块石上。"㊟这就如同说:耶稣是上帝之子的教义,是基督教会沟通上帝的宏伟大厦的主要奠基石。这样,除了圣约翰为同样的目的所表达的意思(《约翰福音》20:31,2:22,3:20,4:2)以外,从这些词句中就不能进一步推断出别的意思;圣约翰的意思是,基督教的根本信条就是,拿撒勒的耶稣是真正的弥赛亚,是永生上帝的儿子。

㊟ 《约翰福音》1:34、36。
㊟ 《约翰福音》1:42。
㊟ 《约翰福音》1:45。
㊟ 《约翰福音》1:49。
㊟ 《马太福音》10:32,33;《约翰福音》11:27;《使徒行传》4:12,8:37,9:20、22。
㊟ 《马太福音》16:18。

27. 开除教籍的权力是否意味着主权权利或管辖权

　　同样值得我们思考的是，在早期的教会中，使徒们开除别人教籍的权力是否带有国家行使的主权权力的含义？如果考虑到真正的早期教会机构的恰当作用和目的，我们对此的回答是否定的。因为，（如果误用）这一权力可以很方便地足以用来服务于一种雄心勃勃的设计，可以使穷人保持敬畏，这些都有足够的经验证明。对我来说，似乎在犹太教的开除教籍（通过逐出犹太教堂）和早期基督徒的开除教籍之间有着一个显著的区别。在犹太人中间，由于主权者和人民信仰同一个宗教，而且这一宗教也与国家完全结合在一起，所以很容易出现的情况就是，被逐出犹太教会肯定会在世俗公共事务上带来许多麻烦，而且也会很正当地被看作同时受到了世俗的惩罚，这就使得侵犯者在共同体内声名狼藉；特别是根据犹太国家的根本宪章，世俗法规把一些事情置于宗教惩罚之下。但是，毫无疑问，我们的救世主和他的门徒都从来没有自诩任何世俗的权力。况且，早期的基督徒生活在其他统治者的管辖之下，他们中间使用的开除教籍、逐出教会或者教会其他类型的处罚，怎么会对世俗国家和基督徒的世俗处境有影响呢？严格说来，又怎么可能和世俗的惩罚具有同样的性质和力量呢？查阅《圣经》，这一点就更为明了，《新约》已经很熟练地处理这一问题。

《马太福音》的 18：15、16、17 节说："倘若你的弟兄得罪你，你就去，趁着只有他和你在一处的时候，指出他的错来。他若听你，你便得了你的弟兄；他若不听，你就另外带一两个人同去，要凭两三个人的口作见证，句句都可定准。若是不听他们，就告诉教会；若是不听教会，就看他像外邦人和税吏一样。"从这一段中，当然不能推断出任何与世俗管辖权或主权有关的东西；它只是毫不掩饰地表明基督徒中间的分歧之大。所以圣保罗命令道，我们宁愿把分歧留给我们的弟兄决断，或者宁愿接受不公正，也不要对弟兄诉诸不信上帝者的法律，那样会给基督徒的名字大大蒙羞。⑩ 因此，尽管另外要求侵犯者乞求被侵犯者的宽恕，并提供补偿，但是如果忽略了在这一点上的义务——即基督要求被侵犯的一方应该首先提出和解⑩，并且在他采取针对侵犯者的行动前尝试这样做，而不管是否已经得到所要求的补偿——那么就不能通过非公开的裁决获得和解。假如做不到非公开的和解，那就要带上两个或三个见证人，看他们是否能劝说他的对手恢复到柔顺的脾气上去；与此同时，也可以证明被侵犯的一方确实做出了有利于双方和解的举措。但是，如果这样侵犯者还是不让步，那他们的争执就要放到所有信仰者汇集的场所去解决（我发现没有什么理由使用"教堂会众"Ecclesia 或"教会"Church 这类词，只能理解为"长老会"Presbyters。长老指早期基督教会的领袖。——译者注）。假如这仍然无法劝说侵犯者放弃他的固执己见，那就把他看作其侵害不能被赦免的外邦人和税吏，因为他拒绝承认他的侵犯行为或拒绝给予补偿。这就如同说，避开与他的交往，就像避开恶人一样；而人人都会自由地避开恶人，不用受上面的权力强制。尽管犹太人除非事关世俗事务，也不会和外邦人和税吏交往，但这并不能有力地反对我们的观点；因为很清楚，外邦人和税吏在任何世俗宪制中都不是声名狼藉的人，犹太人那时就正受着外邦人的统治，并不在意与他们交往。除此之外，和什么人进行密切的交往属于每个人自由选择的范围；而在更为聪明的一类人中间，

---

⑩　《哥林多前书》6：1、2；也可见《马太福音》5：40。
⑩　《马可福音》11：25；《路加福音》6：27；《使徒行传》7：60。

还有一个当然的法则,就是不和那些脾气执拗、未走正道的人亲近,只要极为便利,每个人都会避开与他们的交往。因此,使徒令我们弃绝那些经过一两次劝告仍固执己见的异教徒,[103]以免我们感染到他们的谬误,他们终究会因其谬误而受到全能上帝的应有惩罚。[104] 在《哥林多前书》5:1 及以下几节,《哥林多后书》13:2、10 节,圣保罗宣称,依据授予他的权力,他将把乱伦者送到撒旦那里去(看如何理解其含义),但这并不包含任何世俗的管辖权或命令。《哥林多前书》6:9 节以下、《提摩太前书》1:20、《约翰二书》5:10(《约翰二书》按通行本《圣经》仅一段,对照文字,疑为该段第 10 节之误。——译者注)诸节也没有此意。所有这些段落仅仅表明,人人可以自由地拒绝与他认为应受指责或对其有害的人交往,而并不意味着有损别人在公共事务中的声誉。因此,我们并不因避开和走入邪道的人交往而被迫退出世俗生活;也就是说,我们不必过于认真地为了避开这类交往而忽视我们对世俗社会的义务或其他必要的工作。在这个意义上,关于交结非良人的观点如同适用于异教徒一样,也适用于基督徒。

---

[103] 《提多书》3:10;《帖撒罗尼迦后书》2:14。
[104] 《彼得后书》2:1、2;《加拉太书》1:8、9。

28. 委任给使徒的权力没有丝毫与主权权力相像的地方

最后,如果我们注意到基督对其使徒和门徒的教诲,那就能清楚地发现,他们被授予的权力与建立一个主权国家没有丝毫的关系。国家不能没有最高的首脑,他有权授予荣誉和官职,这通常都会成为野心图谋的场合。国家不能没有相当数量的收入,这会诱使人们贪得无厌。但是,再来看我们的救世主,他主要做的就是努力使他的信徒远离野心和贪婪。[16] 在《马太福音》第十段,当基督赋予了他的门徒们行神迹的能力、差使他们到犹太人中间进行最初的尝试时,他的教诲特别值得我们在这里关注;不用质疑,同样的教诲在门徒们到非犹太人中间去时也通常保持着效力。这些教诲中的第一条戒律就是,门徒要留心不能滥用基督教教义和行神迹的能力来积聚金银钱财,而一国的国力正是靠财富来堆积的。"你白白得来的东西,也要白白地舍去",这是基督的吩咐;当圣彼得说:"金银我都没有"[16]时,他就很好地遵守了这一点。为了防止门徒们借口生活和获取必需品而陷入贪婪的境地,基督甚至禁止他们带两件外套、两双鞋、两根拐杖,也不能带钱袋;他们应当满足于其听众给的东西。不可否认,这一指示主要针对的是

---

[16]　《马太福音》18:1、2、3、4;《马可福音》9:33ff;《路加福音》9:46;《约翰福音》13:13、14。
[16]　《使徒行传》3:6。

去距离不是很长、不是很远的国度;但另一方面也应该考虑的是,给予传播福音的门徒的用度,是和工人的工钱相当的,而工人收入的数量几乎都只够维持生存,至多也不会超过一些个人的财产;这与维持一个国家需要敛取的大额收入没有任何可比性。在《马太福音》10:10,《路加福音》10:7,《哥林多前书》9:11诸节也可发现这一点。在《提摩太前书》5:18节,主要针对神职人员,明确地禁止用他们的职责作交易、陷于贪婪这个万恶之源。而即便随之会出现那些滥用和迷信(它们已经摧毁了教会和罗马教廷),但由于基督是两个两个派他们出去的[107],从数量上来说,(偏离教诲的后果)看上去也不是那么可怕;基督明确指示他们,不要强迫任何人接受教义,只是寻找能友善接待的人,如果发现他们愿意接受教义,就住在他们家,如果哪家不配得接受教义、不打算倾听门徒的传道,那就离开那家,把脚上的尘土跺下去。基督给了这些教诲后,又预言了他们将经受的迫害和危险,对于这些,他要求门徒们不要以力量,而要以忍耐、表示清白,或转赴他处来克服。[108]而世俗国家的所作所为正好相反,"*Tu contra audentior ito*(不要在敌人面前退缩)",立国者都将此作为国家的普遍根本原理。我们的救世主升天后,使徒们散布到鼓励他们去的世界上所有地方,但是并没有指定任何确定的地方做他们自己的"政府"驻地;如果有了这样的"政府",他们就可以从中得到指导和授权,可以为他们做的事解释负责,也可以使他们的联络有一个中心;但是至少可以确定,《圣经》中找不到类似的记录。使徒们没有权力获取任何广大的领土;明显的事实是,他们常常生活在其他人的管辖之下,生活在政府已经建立的地方。使徒们没有权力向他们的听众索取东西,除非是听众们通过自愿贡献愿意分给他们的。如果他们的要求试图超出于此,那么毫无疑问,那些在世俗事务上管辖他们的统治者就会合法地停止他们的活动,就像统治者在自己的权力受到侵害时所做的那样。一般或大多数的基督

---

[107] 《马可福音》6:7。

[108] 《马太福音》5:10、11。

徒,都想学他们耶路撒冷教友的先例,共享所有的东西;[109]但是基督徒的主权者会合法地停止他们这一考虑欠周的做法,因为这种做法会对共同体造成很大的损害。最后,使徒们也不能强制听他们讲道的人离开他们的祖居地,不能像摩西带着以色列人离开埃及一样;相反,他们要让听道的人好好地持有他们以前居住地的产业,老实尽责,除了接受基督教以外,不要妄自进行任何变革。

---

[109]　《使徒行传》2:44、45;4:5。

29. 基督之国丝毫没有世俗主权的意思

　　进而，我们需要考虑，以信仰把我们的心灵团结在对基督的遵奉之下的基督的教义，是否由于这样的团结而形成了一种与世俗国家的主权权力类似的特定主权？我们对此的回答是否定的；经过对《圣经》赋予基督之国和尘世之上天国的本质和特性进行正确思考后，这一点就明白地显现出来。毫无疑问，在基督（基督徒的王）之下团结在一起的信徒，应该被看作一个王国或帝国，但这是一个不属于尘世的王国或帝国，因而其权力本质上也根本不同于世俗政府行使的主权权力。基督是王，但他远离我们的视线，就像人们说的，他把法庭建在天国。只要基督教义传播并被信徒接受，他的"臣民"就遍布世界各地：他们信仰坚定，证实着自己可以抵御这个世界的诱惑和恶意。世俗权力不会到达这个王国，真正的虔诚不可能靠人的力量注入，因为人不足以领会上帝的仁慈，也不足以提升可以被全能的上帝接受的内在的活动；可是如果没有这些，我们所有可能由世俗权力强加的外在行动，都将注定是徒劳和一无所获的。因为基督的王国就是真理的王国，它不需要什么世俗的权力或力量；通过基督教义的帮助和上帝仁慈的佑护，真理温和地在人的心里慢慢成长，而作为接受或蔑视教义的结果，这个人以后的生活将接受报偿或惩罚。如果愿意查阅下述关于基督之国或天国的段落,就会立即确信,没有任何丝毫类似于世俗权力或主权的东西。那些想进入这个王国的人,必须的资格是进行悔罪。⑩基督自己说,他要四处去传播天国的福音。⑪对那些想进入天国、并且随后将被永恒的救赎佑护的人,基督要求他们具备的德行和资格,与一个世俗政府臣民的资格丝毫无关。在基督之国,每个人都根据他对基督教义的精通程度和他是否遵循教义,得到各种不同的报偿或惩罚。⑫我们被教导说,"首先去求基督之国的义"。⑬基督之国最神秘的一点就是上帝言语的强大效力。⑭在这个王国里,不仅容许那些外邦人进来,而且容许反对世俗国家基本原理的敌人进来。⑮这个王国的钥匙保存在赦免罪孽的教义里。⑯而关于什么在天国居于优先地位的教导,与世俗国家实践的截然相反。⑰世俗宪法允许每个人追求自己的权利,但是在基督之国,他却被看作一个有罪的臣民,不肯宽恕对他兄弟的一次冒犯。⑱基督之国也是小孩子之国。⑲在这个王国里的人要承担不同的工作,经受不同的磨难,但是所得的报偿却是一样的。⑳拒绝它的人,基督之国就会被夺去,㉑而对于世俗主权的原则来说,只会强迫桀骜难训者去顺从;这也就是为什么在犹太人藐视基督教后,基督教转而去传给非犹太人。㉒享受天国好处的人决不能是懒惰的。㉓在世俗王国里,最富有的人总是最容易被接受的,但是富人要

---

⑩ 《马太福音》3:2,4:17。

⑪ 《马太福音》4:23,9:35。

⑫ 《马太福音》5:19,7:21。

⑬ 《马太福音》6:33。

⑭ 《马太福音》13:21、31、33、44、45、52。

⑮ 《马太福音》13:24、47。

⑯ 《马太福音》16:19。

⑰ 《马太福音》18:1ff.,20:21ff.,23:8;《马可福音》9:33、34,10:42。

⑱ 《马太福音》18:23ff.

⑲ 《马太福音》19:14;《马可福音》10:14。

⑳ 《马太福音》20:1。

㉑ 《马太福音》21:43。

㉒ 《马太福音》22:2。

㉓ 《马太福音》25:1。

进入基督之国却是异常困难。^⑭ 一个勤劳的人，靠合法方式和手段积累了财富，他在世俗国家会被看作好臣民；但在天国，这被认为是多余而不必要的。^⑮ 促使人进入公民社会的最主要动机之一是，他需要保护自己及其财产；但基督却说："你们无论什么人，若不撇下一切所有的，就不能做我的门徒。"^⑯到了最后，他又说："上帝的国来到不是眼所能见的。人也不得说：'看哪，在这里！看哪，在那里！'因为上帝的国就在你们心里。"^⑰再举出更多的例子来证明已经多余了，余下的大多数（例子）在本质上是相同的。

---

⑭　《马太福音》19：23；《马可福音》10：23；《路加福音》12：33。

⑮　《路加福音》12：31。

⑯　《路加福音》14：33。

⑰　《路加福音》17：20、21。

30. 教会是不是一个国家

　　已经明确，处于他们的王——基督——之下的信徒联合体，和以基督为首脑、以所有普通信徒为成员的那个可以沟通上帝的团体，不能被看作一个世俗的国家；然而，我们仍然需要发问，为什么所有这些一般宣称信仰基督教义的团体，不可以被看作属于世俗政府的类别？或者至少说，与世俗共同体很相像？换言之——其实性质是相同的：根据我们救世主的意图，教会是否应该被看作一个国家或共同体？这里的"国家"这个词汇，我们用的是它公认的一般含义，就是说，指的是一个特定的人类社会，它独立于任何外国的管辖，在其自身主权者的保护下存在。提出这一问题的主要目的在于：当我们已经弄明白，根据基督及其使徒的意图，教会不是、也不可能是一个国家，那么是否可以由此得出结论，即那些伪称是主权国家、并被看作是如此的教会，就不是基督的教会呢？不过，若将这一问题追根溯源，首先需要思考的就是，"教堂会众"（Ecclesia，还有"古希腊城邦市民会议"、"议会"之意。——译者注）或"教会"（Church）的概念，在《圣经》中是什么含义。"教堂会众"是古希腊人民主制的产物，他们把这个词理解为全体与会者、会议，有时也指参加大会人群的集合，他们是公民中的相当部分，集会是为了接受提案、咨询和制定政令，以及处理其他与共同体有关的事务。它来源于"Evocare"或"召唤"的意思，但不是由大多数人（我没有发现什么原因可以解释为什么不是所有的公民有权利出现在这些大会上)召集的、通常所理解那种大会,而是召唤人们从私人居所出来,从日常事务脱身,来到公共场所集会。因此,"Ecclesia"一词的最早含义就不是指一个"国家",而只是指一个民主政府的确定特征。很清楚,数量庞大的人不可能方便地就一件事发表赞成意见,除非他们集合在一个地方。在七十子希腊文本圣经(《圣经·旧约》现存最古老的希腊文本,据传由 72 位犹太学者共同译成,故名。——译者注)的翻译中,这个词用来指全体与会者,或者相当数量之人的集会;不仅包括为了崇信上帝的集会,而且也包括目的不合法的集会。⑫ 因此,希腊词汇" εκκλησιάζειν "就用来表示召唤或召集一次大会,处理有关共同体的事务。⑫ 但是在《新约》里,"Ecclesia"一词普遍地或者用来指分散在各处的所有的一般基督徒,或者用来指某一国度、城市、私人住宅和家庭等处信徒的聚集。无论哪一种涵义,如果我们公正地衡量教会的正当属性和行为(据此我们当在道德上判断一件事的性质),就会发现没有什么东西与世俗公民国家有关。最频繁地给予教会成员的真正赞词是:他们是兄弟,是神圣的,因基督之血而得到救赎。他们的主要行为据说是:听上帝的话,向上帝祈祷并赞美上帝,要慈善,生活中时刻畏惧上帝,要斋戒,要给穷人提供生计。圣保罗和巴拿巴说,在他们建在亚洲的教会中,他们选立了长老。⑬ 这里使用了" χειροτονήσαντες "一词,含义与"通过宗教会众的投票选立"相符,如同古代民主政体通过多数投票通过政令。据此显示,宗教会众并没有认为选立的长老拥有绝对的权力,他们不过是由全体宗教会众的赞同产生的。这就清楚地表明,长老们是"圣灵立的教会的监督"。⑬ 审判官也是如此,约沙法在土地上设立,为上帝而审判。⑫ 因为无论是谁有适当的资格担任公

---

⑫ 《诗篇》26:5;《使徒行传》19:32、39、40。

⑫ 《民数记》20:8、10;《约书亚记》18:1;《历代志下》15:9、10、34:29。(原著引文有误,据通行本《圣经》改。——译者注)

⑬ 《使徒行传》14:23。

⑬ 《使徒行传》20:28。

⑫ 《历代志下》19:5、6。

职或履行职责,若没有违背上帝的言语,并通过合法的方式和手段获得职位,那就可以被公正地说成是由全能的上帝选立在那一职位上。而尽管选立教师的事务极为适当地属于教会,但是这没有任何主权行为的含义;因为很清楚,一个隶属于另一管辖权的私人学会或社团,也可以合法地享有同样的权力。在安提阿教会,就信仰的规条发生了争论,他们就决定,其中的一些人为所辩论的,到耶路撒冷的教会去。⑬这些代表了城里其余教友的人,就上路去耶路撒冷了。到了耶路撒冷,这个问题得到了争辩和决定,他们因而告诉他们的教友:对圣灵和我们来说这是好的。在此我们看到的是,就这样一件事派出代表,并没有蓄意对主权权力造成损害。因为一个群体向另一个就信仰的规条进行咨询,要解决他们中间的分歧,这些行为的性质并没有主权或绝对权力的含义;相反,由于这些事务不能强加给成员,而只能商议或共同认可,因此它们属于一个私人社团(有时也是一个个人)的合法权力。因此,耶路撒冷教会选出特定的人去济贫,他们的权力就如同一个学会和社团。⑭《哥林多后书》8:19节也是同样的意思,教会挑选了一个人与圣保罗同行。教会被称作"由监督(Bishops)用纯粹的上帝的指示牧养的羊群(flock),要保护它,不让狼进去"。接着说,"门徒走后,就会有人说悖谬的话"。⑮通过监督和教师,教会应该警惕,时刻劝说听众避开各种陷阱。关于这个问题可参见《哥林多前书》6:1及以下几行,这里没有把主权权力或管辖权授予基督徒(这里仅仅把人作为基督徒考虑),但是使徒们乐于如此,当教会成员之间就世俗事物发生分歧时,他们宁可交给教友们裁决,也不愿到异教徒的法律面前去,受到贪婪的责难。接下来的部分将说明,没有人会因为成为教会成员而改变他作为一个臣民的资格或责任;换言之,基督教与臣服于世俗政府之间没有冲突。⑯因此,一个奴仆并不会因为是基督徒而变成自由

---

⑬ 《使徒行传》15:2。
⑭ 《使徒行传》6:1以下。
⑮ 《使徒行传》20:28、29、30。
⑯ 《罗马书》13:1。

人，一个臣民也不会因此从对主权者应有的效忠中解脱出来。⑬ 圣保罗在《哥林多前书》11:18 及以下几节、14:40 节还说：团结和谦逊应该在讲授上帝意旨、行圣礼的教会和基督徒团体中实践。《哥林多前书》第 14 段谈到了在教众集会中将有什么种类的宗教活动，即唱赞美诗、诵读教义、说译方言（Tongues）、神启预言、启示、解释；所有这些都用来教诲和开导聚集的教众。《哥林多前书》的 12:28 节列举了教会成员的级别和职责：第一是使徒，第二是先知，第三是教师，其次是行异能的，再次是得恩赐医病的，帮助人的，治理事的，说方言的。⑬ 所有这些都是传播和确立福音所必需的，也是那同一个精神赐予的礼物——他以自己的喜好，把礼物分配给每个人。对于他来说，已经得到了那么多高贵的秉赋，不会再要求任何特权，去当这个沟通上帝团体更荣耀的成员；对于没有像他一样获得这些禀赋的人们，他也不会伪称有任何管辖权。基督徒之间的兄弟之爱，是所有基督徒不可分割的秉性，它比其他精神礼物更为高贵和卓越。⑬ 施舍金是属于教会的唯一收入，二者也不能靠教会至上的权威索取。⑭ 当然不可否认，每个教会都必须有牧师。圣保罗在《哥林多后书》11:28 节宣称，为所有教会操心的事，压在他的身上——加强那些弱的教会，消除有辱宗教的丑行。接下来的一段，他又说，哥林多的教会绝对没有及不上其他教会，尽管其他教会由那些曾在他面前行使使徒责任的人建立。⑭《圣经》里也没有地方说过一个教会的地位要低于另一个；那些小镇、甚至是私人家族的教众集合通常也是教会，和大城市的教会一样；那些特殊的教会，就是建立在犹太（Judea）的教会，被称作上帝的教会。⑭ 在《以弗所书》1:22、5:23 节，《歌罗西书》1:18、24 节，基督被称为"教会团体的首脑，他把自己献给了荣耀的教会，毫无玷污、皱纹等类的病，乃是圣洁没有

---

⑬ 《提摩太前书》6:1、2。
⑬ 《以弗所书》4:11。
⑬ 《哥林多前书》16:1；《哥林多后书》8:2、3、8；《提摩太前书》5:16。
⑭ 《腓立比书》4:15；《哥林多后书》9:14；《提摩太前书》5:18。
⑭ 《哥林多后书》12:13。［Puf.］
⑭ 《帖撒罗尼迦前书》2:14；《帖撒罗尼迦后书》1:4。

瑕疵的；基督的赎罪使它神圣，并要用水藉着道把教会洗净。"⑬在《提摩太前书》3：2 及以下几节，《提摩太后书》4：2 节，《提多书》1：7、8、9 节和 2：7 节，特殊教会的监督或主管所需的资格得到了表述。对这些如果加以恰当的研究，就会发现仅仅与教义的纯洁化有关，而他的行为是无可指责的；根本找不出任何可以稍稍支持类似国家的至上统治者特征的东西。因为经里面说，他（做监督的）必须只做一个妇人的丈夫，警觉，节制自守，行为端正，乐意接待人，善于教导；不酗酒，不打人，不贪不义之财；要耐心，不大声吵闹，不贪婪；他还要能持家，能让自己的孩子在所有大事上听话；他不是新的教徒，也不会骄傲得飘飘然。这些都是属于教师或个人的德性。在《提摩太前书》3：15 节，教会被称作"上帝的家"，" σύλος καί έδραίωμα "，即"真理的柱石和根基"；就像为了让每个人看见，我们习惯于把公告贴到大的柱石上一样。而一些古代的手写本，则把"真理的柱石和根基"作为下一句，紧接着"永生上帝的教会"。这样，新的句子就是："真理的柱石和根基。大哉，敬虔的奥秘，无人不以为然！ 就是上帝在肉身显现，……"因此，这一段落就与《马太福音》16：18 节圣彼得告诉基督的和《约翰福音》20：31 节相类似。而基督教会的荣耀资格则在《希伯来书》12：22 及以下几节被诵出："你们乃是来到锡安山，永生上帝的城邑，就是天上的耶路撒冷。那里有千万的天使，有名录在天上诸长子之教会共聚的总会，有审判众人的上帝，有新约的中保耶稣，以及被成全之义人的灵魂。"⑭在《启示录》2：3 节，亚洲教会的善行得到称赞；而当它们的恶行暴露后，就会受到严重的天谴的威吓，即如果他们不悔改，他们的灯台（指的是福音的教义）就会被拿走。⑮ 这足以表明，福音的光亮可以在特定的教会被熄灭。如果正确地比较和研究所有这些段落，就不会使我们产生任何关于基督教会是国家的印象，也不会认为基督教会与世俗主权有什么相近之处。

---

⑬ 《以弗所书》5：26、27。译文根据普芬道夫引文对通行本《圣经》有所修改。

⑭ 《希伯来书》12：22、23、24。

⑮ 《启示录》2：3、5。

31. 早期教会的条件不允许其中有至高无上的主权

除了上述证据，还可以举出大量理由足以证实，即使他们怀有任何非必需和非法设计的企图，使徒建立教会的权力与世俗统治权还是没有类似之处。每个政府的主要目的是共同安全，在那里，人们能够依靠联合起来的力量保护自己免受任何伤害；而这需要相当数量得到良好委任的强壮人丁。但是，教会往往给它的教众带来对城镇、甚至他个人的家庭都漠不关心的名声；我们的救世主难道没有说过这一点吗？"无论在哪里，有两三个人奉我的名聚会，哪里就有我在他们中间。"⑯这就促使德尔图良（Tertullian）说："三人建立一个教会，如同建立一个学会。"⑰当基督在教众集合之间的时候，这个集合自然就不再需要获得拯救的其他可能手段，例如言词、牧师和圣礼。因此，即使是在大量的对其他事情淡漠的信徒集合中，基督教的目的和意图也能够达到。数量众多的人们因其必需而建立一个国家，与此不同，大量的信徒参加同一个教会并不会为教会自身增加什么东西，也不是掌握基

---

⑯ 《马太福音》18：20。

⑰ 德尔图良（Quintus Septimus Florens Tertullian）：《劝禁欲》（*On Exhortation to Chastity*，拉丁文 *De exhortatione castitatis*），第 7 章。——英文本编者注。另：德尔图良（160？—220？），迦太基基督教神学家，用拉丁语而非希腊语写作。——译者注

督教目标的必需;一个人在大的或小的教众集合中礼拜上帝,与他是否得到拯救没有关系。就此可以推断,当教会的最大部分和其余部分分离后,剩余的所有部分依然可以追求和获得基督教信仰的目标。这与世俗共同体截然不同:当大部分居民遭到铲除时,其余部分就不能再维持国家的存在。属于臣民的特征,尤其是那些或者因其有用、或者为了共同体的荣誉而在国家其他臣民面前做事的人的特性,不会在教会中得到敬重;他在财富、力量和智慧上可能超凡绝伦,却不一定被认作是好的基督徒。⑱ 况且,那些自称要建立新国家的人,必须要有属于自己的领土,这样他们的新臣民才能定居和置产。不过,所有这些条件都存在于一个既有的共同体中,如果他们要建立一个新国家,必须做的就是,或者迁居到另一块土地,或者推翻他们正生活于其下的现有政府。因此,当摩西把以色列人带出埃及边界,他就带领他们进入阿拉伯沙漠。当罗慕洛斯(Romulus)决定建立一个新的共同体,他首先需要摆脱对阿尔巴国王(Kings of Alba)的臣服;而那些邻近区域的人们,要成为新共同体的成员,就必然离开他们的原住地,搬迁到罗马定居。然而,无论是基督,还是他的门徒,都从来没有把基督徒从他们原来的居住地迁到别的地方,相反,他们让每个人仍旧住在原来的地方,受原先同样的政府管辖,对其原来的主权者拥有的统治权力丝毫没有侵害。从中可以发现,基督徒从来不是为数众多的,也不可能有条件把他们置于一个属于自己的基督徒的国家。根据基督教的规条,主权者对于臣民生命和财产的权利是不能被剥夺或削弱的;况且没有人可以臣服于两个主人,因此就没有建立一个新的主权者的借口;特别是在另一个共同体的中间,确切地说,如果某个新团体对其现有主权者的权利有丝毫损伤,那么甚至进入这样一个团体都已经超出了他们的权力。⑲ 维持一个国家需要数量惊人的钱财,不懂得这一点的人无疑是个公共事务上的白痴。尽管主权者的权利不会延伸到如

---

⑱ 《哥林多前书》1:20、21、22。

⑲ 《罗马书》13:1以下;《彼得前书》2:13。(原书注释有误,据通行本《圣经》改。——译者注)

此程度，以至于剥夺了臣民处置私人物品的权利，但是如果臣民以不利于国家的方式处置私人物品，他们可以合法地限制其铺张浪费。因为，如果处置私人物品的自由被毫无限制地授予臣民，那么国家就失去了获得其营养的能力，从而迅速陷入衰退的境地；或者使得个人有能力在旧国中立新国，或者至少削弱并危害公共安全。而使徒们生活于其管辖之下的主权者们像其他政府一样，对于臣民的财产有同样的权利，而主权者的这些权利并不能被基督的教义取消，这样，就没有其他的教义条文可以维持（像国家一样的）教众集团；教众集团能得到的，只是在与他们主权者的合法权利保持一致的情况下，个人可以合法得到的东西。这些个人合法得到的东西，不会超过私人财产的限度，而且只可能是自愿的贡献和施舍。而且，教会所需要的任何不动产也只如同其他臣民的不动产，不能获得税赋的免除。

32. 教会的内部结构与国家也截然不同

　　如果我们全面地观察世俗公民社会的整体结构，以及臣民联合于一个政府之下的方式，我们就会发现，它与教会结构有天壤之别。追寻世俗公民社会或共同体的起源，正是在自由的自然状态下孤独的个体生命遇到的不便和危险，使得人们为了自身的共同安全而结合起来进入社会：他们同意建立特定的政府形式，选立一个确定的人，或一个委员会（counsel）作社会的最高统治者；他们为了社会的共同利益，而使自己和财产都服从于最高统治者。但是教会却建立在完全不同的基础之上。在这里，并不是意识到他们悲惨处境的人，依靠自己的契约和同意而服从全能上帝的。相反，人们为黑暗和无知笼罩，过于安心于现状而认识不到自己的救赎；于是上帝把他的信使降临到人间，"吩咐各处的人都要悔改"[150]。这里没有什么人之间普遍约定建立和服从于一个教会的迹象，有的只是每一个具体的个人，不考虑其他人，仅仅为了自己而追随基督和他的教义。在世俗国家中，全体家庭成员都依靠家长，并且在家长的保护下享有一切属于自己的特权。教会的情形完全两样：妻子不必顺从丈夫的宗教，仆人对主人也是如此。[151] 因

---

[150] 《使徒行传》17：30。

[151] 《哥林多前书》7：12。

此,在拿其数的家里(拿其数本人不是基督徒)有几名基督徒仆人,他们得到了圣保罗的问候。[152] 在这个意义上,可以理解基督的话:爱父母子女胜过爱我的,不配做我的门徒。[153] 同样,由基督的教义引起、在亲朋中出现的分离、不和、纷争,可以理解为基督和他的信徒之间严格的联合,这一联合超越了人类所有的亲缘关系,并且更为可取。[154] 因此,当父亲、丈夫或主人成为叛教者,儿子、妻子或仆人就不必跟从。在教会里也不必关心任何特别或确定的管理形式,也就是说,是君主制、贵族制或民主制的形式。因为,教会与世俗国家截然不同,把这些只属于世俗政府的几种形式用在对教会的代表上是很荒谬的。由于教会和共同体是因不同目的而建立的,所以它们各自的机构都具有不同的性质。人们如果不是无知,就不会不知道,为了达到公民社会的目的,必须建立与管理国家相符合的不同级别的官职;而教会中基督徒之间最清楚和自然的区分,只是教师和听众的区分。

---

⑫ 《罗马书》16:11。

⑬ 《马太福音》10:37,12:50;《路加福音》14:26。

⑭ 《马太福音》10:34;《路加福音》12:51。

33. 教会里的教师与国家中的统治者之间有重大区别

　　除此之外,教会里的教师与国家里的世俗统治者的区别,并不仅仅在于他们选立的目的不同;他们的主要区别在于各自选立的不同性质。在这里,我们不讨论继承的问题,尽管大量主权者都是据此获得主权权力的,而教会的情况完全是另一回事。我们只是在此关注教师和那些凭借选举履行最高世俗权力的主权者之间的不同选立方式。当主权权力靠选举交到某人手中,余下的那些选他做他们最高统治者的人,就要让自己服从主权者的安排,例如服从主权者强制自己;无论何时主权者认为要为公共福利采取措施时,都能够以整个共同体的名义这样做。主权者也总是准备着实行他们的命令;他们常常会运用全部权力、通过施加惩罚,从而迫使臣民遵守他们的命令。然而,如何能想象一个教会或信徒的集合曾经、或应当如此完全地服从于其教师的喜好与安排——例如,公开强迫他们默认并且盲目跟从教师们计划的所有事情,就像指挥和领导他们走向得救之路。确定无疑的是,除了对全能的上帝,没有一个信徒会完全把他们自身和他们的信仰置于任何团体的支配之下;上帝的意志和命令应当由教会的教师来解释,听众们则受到教师的劝说,应当听从他们。无论是谁,当提出一个超出人类理性的教义时,为了让他的听众相信,则必须声称他的教义或是凭借他自己的权威得来的,或是来自于神秘的强制力,再就是来自于更高的权力。但是,当一个人提出一些与理性不符的事情时,他就揭穿了自己,从而也丧失了自己的权威,除非他能通过其他更有力的方式支持他的教义,来博得听众的信任。因为这个原因,对于追求智慧和理性的希腊人来说,宣讲福音是愚蠢的。[155] 也正是出于同样的原因,圣保罗被雅典哲学家误叫作"胡言乱语的人"。[156] 没有任何人类的力量能够在人身上实现信仰带来的神迹和基督的教义;正是出于这个原因,基督告诉他的门徒:走出去,去讲道,去信,用你们的全部心灵;要达到这一点,所有的人类手段都是无足轻重和不恰当的,因为它们要么只是带来短暂的好处,要么本质上是强制性的。这样,这些教义只能依赖一个最高的存在或原则——即上帝的仁慈——来证明,除此之外,别无他途;上帝的仁慈总是伴随着福音,而那些随着使徒出现的神迹在古人那里就证实了他们的教义。[157] 尽管同样无法否认的是,自从福音在人世间充分传播到海外以后,我们就不再知道更多的需要这些神迹的观点;就像在宣布十诫时听到的电闪雷鸣,而后就不用再在犹太人中间重复一样。因此,基督徒只是把他们的信仰和理性置于基督之下,而基督的权威就像上帝本身一样,是不容置疑的;这由基督的父亲从天国传来的声音证实,他说:"这是我的爱子,我所喜悦的。"[158]同样,当摩西向以色列人明白证实了他来自神授的使命时,以色列人的信仰就愿意服从摩西。[159] 而当使徒们通过神迹证明了他们的神授使命后,他们也得到了人们在信仰上的托付——尽管也不可否认,有时候使徒们的教义也会在没有神迹的情况下带来良好的结果。很值得注意的是,当使徒们向那些精通《旧约》的人讲道和教授他们的教义时,如果听众们查验他们的讲授是否与包含在那里的预言相符合,他们也不会见怪。[160] 据此足以表明,如果教师们不能通过神迹证实他们直接来自神授的使命,

---

[155] 《哥林多前书》1:23。

[156] 《使徒行传》17:18。

[157] 《马可福音 16:20;《使徒行传》14:3;《希伯来书》2:4。

[158] 《马太福音》3:17;《路加福音》3:22。

[159] 《出埃及记》20:19。

[160] 《使徒行传》17:11。

没有人会盲目听从他们；至于使他们的信仰毫无例外地从属于教师们的
教义，则只有当教义与那些证实他们具有神授权威之人的教导相一致时
才能实现。基于此，教会中的一个教师这样说是不够的："因此，它
是……"；或"因此，它将是……"，或"必须是……"。他必须清楚明白地
说明，他对听众们说的，绝对都与基督及其门徒宣布的教义一致；这样做
是他必不可少的义务。教师不应该让听众信赖他们自己的权威，而是应
该引导听众服从上帝及其话语的权威，教师的教导也是通过上帝这块试
金石来检验和证明的。哲学派别常常会以他们主要的宗师或创建者的
名字来命名，例如我们看到的柏拉图学派、亚里士多德学派、芝诺学派。
然而教会除了上帝或基督的教会以外，不应该有其他的名字。正是因为
这个原因，圣保罗才训责哥林多人，因为他们中间有人说，他们是属保罗
的，有些人是属亚波罗的，有些人是属矶法的，还有人是属基督的。[161] 因
此，自从《圣经》在我们中间确立，基督徒们就不应该像毕达哥拉斯
(Pythagoras)的门生那样，把一句老话" αυτὸ ς ἔφα "（"他本人已经说
过"）作为自己的箴言。[162] 相反，他们有足够的权利自己阅读《圣经》，检查
教师的教导是否与我们救世主的教义相符合。因为当基督说"查考圣
经"时，他并非只是对门徒说的，而且也是对一般听众说的。圣保罗吩咐
我们，"但要凡事查验，善美的要持守"。[163] 圣约翰说，"总要考虑那些灵是
出于上帝的不是"。[164] 我也无法设想，如果没有深入《圣经》，圣保罗竭力
推荐的，让所有想参加主的圣餐的人审查自身，如何能够恰当的进行。[165]
这里我要说，教师和医生的处境是截然不同的：后者只需要懂得医疗的
技艺，将其用于他的病人，就可能获得很好的成功，尽管病人们从来不是
无知的。但是，对于教会的教师来说，仅仅精通基督教的文献是不够的。

[161] 《哥林多前书》1:12。
[162] 公元前五世纪中叶，毕达哥拉斯学派分裂为两部分。其中一部分（普芬道夫引用了他们的
箴言）不愿意偏离毕达哥拉斯说过的话，另一部分则相信更应该通过反思发展毕达哥拉斯
的教导。——英文本编者注
[163] 《约翰福音》5:39；《帖撒罗尼迦前书》5:21。
[164] 《约翰一书》4:1。
[165] 《哥林多前书》11:28。

当听众们在认识信仰的神迹方面并不比他们的教师差时,这个教会才会被认为是出类拔萃的。因为使徒没有避开向所有人宣讲上帝的忠告,[166]没有把基督教义交给一个特殊的人来监护,让他做教义的唯一解释者,就像古代的西卜林书保存在罗马,由罗马十大执政官监管一样。[167]而由于基督徒没有把他们的信仰建基于人类权威之上,而只是建立在上帝的言语之上,所以说他们都要蒙上帝的教训。[168]正是出于这个理由,圣保罗彻底否定了他们对哥林多人的信仰有任何的支配权;换言之,他们对哥林多人没有任何伪称的信仰支配权。[169]至于其他人,正像那些精通《圣经》的基督徒一样,他们不用太困难就可以用《圣经》的标准来检验教师的教导。因此,《教理问答》和其他与基督教信仰最主要条文有关的指导手册,对于较为一般的教义来说就足够了,在这方面,所有基督徒都应该从小接受父母和教会教师的良好指导;相对于那些微妙而有争议的教义,这些手册对平实而没有争议的教义更为有用,因为前者并不绝对要求每一名具体的基督徒都能理解。如果我们好好思考一下使徒要求基督徒为得救而懂得东西,就会发现掌握这些不会有太多困难;因为承认"耶稣是基督,是上帝之子"正是基督教的基石和核心。[170]而这一信条在早期基督徒中间主要对照于入地狱(the Gates of Hell)的说法,因此,使徒圣约翰把这一条作为普遍的教义内容,是具有一般接受能力的人特别需要注意的规则,他说:"这样知道那些灵是出于上帝的:凡灵认耶稣基督是成了肉身来的,就是出于上帝的;凡灵不认耶稣基督是成了肉身来的,就不是出于上帝的。"[171]当然,不能由此推论出,基督徒可以忽略,或者不应该好好接受关于其他经义的指导,或者认为基督徒凭自己的兴致去信其他的基督教义是无关紧要的。

---

[166] 《使徒行传》20:27。

[167] 参见注释 72——英文本编著注。

[168] 《约翰福音》6:45;《帖撒罗尼迦前书》4:9。

[169] 《哥林多后书》1:24。

[170] 《罗马书》10:9,10;《提摩太前书》1:5;《提摩太后书》2:22;《约翰福音》20:31。

[171] 《约翰一书》4:2,3。

34. 作为整体的基督教会是否可以被看作是一个国家

　　已经很清楚,在各个具体的教会与国家或共同体的境况之间存在着巨大的差异;此时还需要进一步探寻的是,这些教会集合在一起是否会形成一个和大国相当的实体? 能够确定的是,《圣经》里的世界教会属于散布在整个世界的信徒的整体,但是,如果正确地看待我们救世主的意图,将丝毫发现不了要谋划建立一个国家的迹象。我们的救世主对他的门徒说:"你们往普天下去,传福音给万民听。"[⑫]这里没有提到任何将成为其他人至高统治者的人(在国家中,这是经常而绝对必须的事情),没有为这些统治者选定什么驻地,以便其他人可以从这里接受命令。同样也没有关心用什么方式与他们的都城保持通讯——确实,考虑到使徒们要传讲福音的世界之范围和国家之间的巨大距离(除此之外,有些国家相互间还是不共戴天的死敌),建立和维持它们之间的通讯有着不可逾越的障碍。因此,没有什么指出所有的基督徒能以何种方式结合为一个国家。不容否认,在《圣经》里经常提到基督徒的联盟,例如在《哥林多前书》12:12、13 节:"就如身子是一个,却有许多肢体;而且肢体虽多,仍是一个身子;基督也是这样。我

[⑫] 《马可福音》16:15。

们不论是犹太人,还是非犹太人,是为奴的,还是自主的,都从一位圣灵受洗,成了一个身体,饮于一位圣灵。"基督在《约翰福音》10:16 节说:"我的羊要听我的声音,并且要合成一群,归一个牧人了。"这就是说,所有的羊听了它们牧人的声音,都要归到一个群里,这个牧人就是基督。所以在《以弗所书》的 4:2、3、4、5、6 节说:"用爱心互相宽容,用和平彼此联络,竭力保守圣灵所赐合而为一的心。身体只有一个,圣灵只有一个,正如你们蒙召同有一个指望。一主,一信,一洗,一上帝,就是众人的父。"基督在他临别的布道中,主要劝告他的门徒有博爱之心,并要团结,以成为基督教的真正象征。而特别属于基督徒的兄弟之名,也似乎意味着他们中间的一种普遍联合。⑬ 但是如果我们考虑到这些神圣联系的本质,就会很容易观察到,它们根本不适合建立一个世俗的政府,而只能建立和联合一个精神上的实体。由于没有要求或隐含着任何依赖于世俗政府的东西,所以它们才有可能共同地属于所有的基督徒,而不论他们居住在遥远的国度,受着不同的管辖。

---

⑬ 《约翰福音》13:34;《歌罗西书》3:14;《加拉太书》6:10。

35. 基督徒没有必要联合在一个国家之下

　　同样,所有基督徒如要生活在一个国家之中,将不知是为了什么目的。因为,每个教众集合或教会都会比较容易和方便地选立自己教会的教师,使他们适合福音牧师的条件,并且能够亲自更为警觉地监督熟识且近在身边的人,而不是指望一个居住遥远(也不一定很有智慧)的人——这个人要为大量的事务压倒,被迫借助别人的眼睛去看,借助别人的耳朵去听。有一种观点认为,为了调解和解决教师和教会之间、或是不同教会之间的分歧,基督教会需要建立一个普遍的法庭;因为很清楚,这些分歧没有比在他们生活的同一个政府下解决更便利的了,这样,就提不出更充分的理由,说明他们为什么不承认和其余臣民处于同一个管辖权之下。还有一个反对意见与此有一些细微的差别,它提出,如果全世界的基督教会联合在一个首脑之下(无论是一个人,还是一个特定的集会都无所谓),信仰的团结协调可能会得到更好的保护,争议迟早会调解,异端学说会被禁止和铲除。但是如果恰当地估量一下所有的事情,这样一个教士的君主可以很容易地在教会中省去。因为,要授权这么一个裁决所有教会分歧的普遍法官,则必须设想他将永无过错(并且超越所有分歧),将很好地基于事实,合法地对待争议案;但事情有可能是这样的:且无论错误与否,一项教义是非常清楚的,而与此同时它又可能引起争议,此时,是否应该把所说的错误交给一个特定的人来裁决?因为如果允许宣判后对这一裁决上诉,则诉讼将永无尽头。这种情况就会绝对要求这一永无过错的权威明白无误地证明,他的裁决从道理上说不会引起问题。除非我们对这一权威的裁定没有疑问,否则必须去找另一个裁决,他也要被设想为永无过错,而且在无限的空间内都要如此;他毫无例外由所有人授权,因为没有人应当在涉及自己的案子上当法官。而且由于永无过错的特权不可能由任何人授予,所以只能由上帝赐予(全体基督徒也没有被授予这样的权力)。这就是说,要授予一个特定的人以特权和权威,让他和他的继承人裁决关于信仰条文的所有争议,而他也不会犯任何错误。要说明这一点,必须到《圣经》中找证据。然而,《圣经》中却没有丝毫这样的迹象。当基督派使徒们到世界各地去时,授予了他们同样的灵,给了他们同样的权力。这样,无论是对教会的教师来说,还是对所有普通信徒来说,得到关于基督教真正知识的途径只有一条,就是全身心研究《圣经》,不要停歇。[14] 任何人若是自称受到神灵感应,或是先知之灵,应该用不容否认的证据证明自己。圣保罗在《提摩太后书》2:24、25 节已经把这些条件说明,它们理应普遍适用于监督和教师。圣保罗说:"主的仆人不可竞争,只要温温和和地待众人,善于教导,存心忍耐,用温柔劝诫那抵挡的人;或者上帝给他们悔改的人,可以明白真道。"综上所述,可以知道,如果有人今天想自称有任何的特权,或者在解决关于信仰事务的分歧方面永无过错,他就必须要被赋予一些非同寻常的条件,那是正确地解释和诠释《圣经》最为必不可少的;这些标准如此之高,以至于其他教会教师没有能力与他竞争——不,即使是所有其他教师在这方面联合起来,也无法与他的裁决相较。除此之外,还要设想,这一普遍的法官(除非他被贬低为无用的摆设)必须要有力量来实施其法令,并要使所有基督徒默认他的裁决。如果这一设想成立,在法官的法令除了以真理的力量影响人们以外别无其他力量

---

⑭ 《提摩太后书》3:14、15。

的情况下,结果就是,要么他的法令毫无用处,要么这个徒劳的裁决引起人们寻求进一步的特殊权力;而他与其他基督徒共同拥有的权力只是自己研究《圣经》。为此,这个强制性权力或者来自于全能的上帝授予的特殊垄断权,或者来自于全体基督徒的普遍同意,再者就是来自于超越所有基督教会的至高主权权力的内在正当性。由上帝授予的垄断权,或基督教会的普遍同意,在我查阅的范围内没有发现任何证据。至于自称的主权权力,其合法的资格应当由与如此重大的权利要求相适应的文件证实。对此,以下证据是非常没有意义的:说是出于传统,在过去一个重要时刻这样做的,即便是僭越,也已经长期持续。但长期持续的僭越并不能给长期的非法持有增添任何正当性,也不能作为建立真正的主权权利要求的稳固基石。也有可能是这种情况:早期曾计划设立一种特权,但是在以后的时间里却被滥用,最后蜕化为无法忍受的暴政。因此,对这样一种传统,我们在《圣经》里找不到任何基础;特别是我们认识到,这样一种主权权力与基督教的真正起源截然相反。可能有人会反对说,除此以外,就没有什么更强有力的手段解决所有的争议。但是我们应当想到,这样做将引入一种最坏的奴役制度,比塔西佗控诉的他那个时代的奴役更坏:"*Adempto, per Inquisitiones, & loquendi audiendiq; Commercio, atque ipsacum voce memoria perdatur, si tam in nostra potestate foret oblivisci, quam tacere.* 我们舌头和耳朵的用处立即被恣意镇压所剥夺;而如果控制人们的记忆变得像勒住他们的舌头一样容易,那么对过去的回忆早就从我们中间被铲除了。"[15]确实,通过这些方法,一个共同体可能虚伪充塞,对异端视而不见,而几乎没有人会被引上正统的基督教信仰。就像揭开一个潜藏的溃烂、尽早把它从恶性病体中切除、再对受感染的组织及时施以合适的治疗一样,教会中这些抓住我们思想的令人不安和错误的观点应该暴露在光天化日之下,通过及时的救治,使它们在危害程度还不大的时候被铲除;而不是纵容它们成

---

[15]　塔西佗(P. Cornelius Tacitus):《阿格里科拉的一生》(*The Life of Gnaeus Julius Aagricola*),第二章。——英文本编者注。

为恶性脓肿,最后变成无法治愈的坏疽。还需要注意的是,如果教会的主权被确认,那么一个国家里就必然存在两个有首脑的主权权力;臣民们将被强制承认关于信仰争议的教会裁决,同时以同样的方式承认其世俗统治者在公民事务中的权威。由于教会主权的范围与公民社会建立的范围不同,因而它就具有截然不同的性质,构成了一种特殊的主权。如果这两项主权恰巧集中在一个人身上,他就同时主宰我们的生命和良心;但如果教会主权由另一个人行使,那么或者同时承认他以其自身的特权即拥有实施其法令的权力,或者他只拥有宣判的权力,而把执行权交给世俗统治者。如果是前者,那么具有双重身份的主权必然会在行使过程中遇到极大的不便和扭曲;如果是后者,那么国家中的实施主权者必然被贬低为教会神圣裁决者的执行人。正确思考这些问题,就会发现它们可能给国家带来动乱,因此没有一个神志清楚的人会去想像(除非为最有力的证据证明),基督会通过他的教义把如此致命的疾病带入公民社会。当然,教会里不可能没有争执,基督在《马太福音》13:24节的寓言里已有先见之明,圣保罗在《哥林多前书》11:19节也说到了这一点。但是,如果发生争执,其始作俑者必然需要以至少和《圣经》相符的立场坚持其观点。因为如果一个人妄图引入一种新的信仰规定,而不再努力通过《圣经》来证明,他将被看作疯子,即便他寻求哲学家复杂论证的帮助也无济于事。如果他不依靠《圣经》而坚持传统的权威,则只会暴露他试图确立的教义的基础脆弱。同样,如果有人想在教会里反对某种信仰的规定,若是不至少从《圣经》里找出一些装点门面的理由,也不值得别人去注意。当有了《圣经》的支持(尤其是对那些真正热爱真理的人),他的观点就绝对不会遭到轻视,他的理由也会被研究。因此,关于信仰事务的全部决定必须依赖于对涉及争议的《圣经》段落的正确解释;而要获得这样的解释,我没有看到有任何必要让我们求助于主权权力,或者是求助于任何永无过错的权威;我们需要做的只是:恰当地查阅其他作者的作品,并发现其真实含义——这需要做到对方言的真正理解(a true knowledge of the tongue),勤勉钻研基督教的本质和整个框架,发现相似之处和联系。除了做到这些，如果一个人具有天然良好的判断力，并且不为偏见、个人利益和激情所扰，那么发现《圣经》的真实含义就不会是一件难事；他清楚的证明会使有理解力的人们同意判定，那些反对他的人是错误的。因此，我们的救世主好几次基于整体的《圣经》说服了法利赛人（公元前 2 世纪至公元 2 世纪犹太教的一派，标榜墨守传统礼仪——译者注）和撒都该人（英文本作 Saducean，似应作 Sadducee。犹太教一派，与法利赛人对立，尊奉《律法书》，但不信口传律法，也不信灵魂永生及肉身复活。——译者注），凭借从《圣经》中得到的论证的力量，使得他们无言以对。还有，为何不能合理地设想，在每个基督教会中，都有足够数量的教师不赞成在他们中间引进新奇事务和错误教义的企图。况且，这样做还不够，他们还会向周边最有声望的教会寻求帮助。如果是这样的情况：对教会持异议的人数量众多，以至于把他们的观点传遍了整个国家，此时的法官在其职位上就变得毫无用处；因为如果他试图求助于暴力手段来促使人们放弃他们的错误观点，则人们将完全可能用暴力来反对暴力；如果他用其他办法，如通过《圣经》中的论证来说服人们认识到自己的错误，但这同样可以由能很好胜任其职责的教师来做，而且比由一个教会的总法官来做更合适。我们也不应相信谬误会压制真理，就像专横的统治随处所做的那样；毋庸置疑，教会有目光最为清晰的教师帮助，定能驱散云雾，重现真理的灿烂光辉。我呼求宗教经验：只要有普遍真理的相助，同时没有上述法官和人类的暴力帮衬，无论有多少异端邪说，都会逐渐减少，直至消失。必须要承认，在一些特定的教会里，确实有借助世俗利益和国家特定理由而滋养和维持的谬误存在，它们不是那么容易被抑制。新教徒和天主教徒的分歧就属于这类争议。但如果正确地观察，就会发现，这些争议都深深卷入了天主教君主国的利益，罗马天主教徒不可能从争议的规条后退一英寸，否则他们将减少权力并危及收入。这样，他们和新教徒之间建立联盟的任何希望都是徒劳的，除非新教徒决心重新套上他们很久之前已经摆脱的教皇制度的枷锁。我无法称赞天主教徒用来论辩的粗糙方式，他们除了谈论自己教会的权威就没有其他可说；这告诉我们，一旦我们承认同样的论辩方式，那么所有关于主要信仰规定的分歧和疑问都将跌入一个方向——同时成为当事人和法官，并根据他们自己的证据宣判他们自己的案子。他们运用这种诡辩术，只给他们自己冠以"光荣教会"之名，排斥了所有其他的基督徒，只接纳与他们相同的教派。而且，为了支持他们伪称的东西，最常见的做法就是把《圣经》里有力的论证丢在一边，用他们发现的改宗之人的新方法（使徒也不知道的方法）代替；为了确立他们的权力，还通过所有的暴力方式对付那些敢于反对他们的教义、坚持真理的人。正是基于这个理由，上帝才以一种最为奇特的方式威胁要消灭（统一的教会）国家这个怪物。⑯

---

⑯　拉丁文本的第 36 节包含在了第 35 节里。英文译本遵循于此。中译本也依此不设第 36 节，下一节即为第 37 节。——译者注

37. 使徒时代调解争议的一个例子

　　《使徒行传》第 15 段以一个例子的形式教给我们教会里调解争议的真正手段。这一段值得我们特别重视，因为这一争议涉及到基督教的主要观点，即如果不按摩西的规条受割礼，一个人是否可以得救。在《加拉太书》5:2 节，圣保罗肯定地声明："若受割礼，基督就与你们无益了。"很明显，在教规尚不完善的教会的最初日子里，这个问题就已经产生；而当时并不缺乏活生生的信仰证据，例如从基督自己嘴里接受他的教义，也有圣灵的赋予和使徒权威的教诲。不用怀疑，保罗和巴拿巴有着足够的智慧和对《圣经》的理解，来减轻这一（不受割礼，就不能得救）错误；在上引章节中清楚地展示，[17]他们不同意用强迫性的理由来反对错误观点，即那些从犹太下来的人不能和他们作对。相反，他们去求助于耶路撒冷教会的权威，那是基督教的起源之地，从那里开始，基督教传到了世界其他地方；他们希望借助耶路撒冷教会的成员支持自己的观点，就像心甘情愿不同意彻底废除犹太会堂一样；不出所料，他们得到了支持，但是也在那里碰上了许多秉持同样错误观点（即坚持行割礼）的人，《使徒行传》15:5 节就说了这一点。为了防

---

[17]　《使徒行传》15:2。

止进一步的混乱——在安提阿教会可能会因这一分歧发生这样的混乱，保罗和巴拿巴，还有其他几个人，被派去耶路撒冷教会解决这一争执。他们到了耶路撒冷，就召集了一个集会，不仅有使徒和长老参加，还有耶路撒冷教会的其他成员，也没有排除对立方的人。他们都表达了自己的观点后，大家进行了相当长的讨论，双方对整个事件最终都进行了充分的辩论；然后彼得起来说话——不是作为普遍的法官，也不是伪称凭借自己的权力裁决争议，而是用明确的论证告诉他们：在约帕城看到那些神奇事之后，[19]他向外邦人传福音，在他们中间产生了多么惊人的效果。他接着论证说：圣灵已经像对我们一样洁净了受过割礼的信徒的心灵，如果再用割礼扼住基督徒的脖子，就是毫无道理的，因为他们是靠主耶稣基督的仁慈、而不是靠受割礼而得救的。保罗和巴拿巴持同样的观点，同时述说了上帝藉着他们在外邦人中行神迹奇事；但是如果他们没有被上帝许可，就像没有行过割礼一样，或者如果割礼成为基督教信仰的核心部分，那么这些神迹就不会发生。所有人都缄口不言，这就是说，没有人想进一步与他们争执或反对他们的论证。这时，雅各最后起来说，彼得的看法和先知的话相合；他的意见是，不可难为那些皈依基督的外邦人。但是他们也要以某种方式满足一些条件；要劝说他们不要逃避与接受基督教信仰的外邦人交往；外邦人要禁戒偶像的污秽和奸淫，禁戒勒死的牲畜和血，这些都是摩西律法禁绝的，也部分不符合自然法。例如奸淫，是外邦人中间普遍存在的恶，但其余的人因为对此漠然，也就很容易不去管，而不会去冒犯一个弟兄。大家普遍同意批准这些禁戒，甚至一些此前意见相反的人也赞成，会议不仅以使徒和长老的名义，而且以耶路撒冷教会教友的名义，写信给安提阿教会。犹大和西拉被派去送这封信，他们到了安提阿，没有作为法来宣布，而是把信交给了教友（从他们那里得到了普遍的赞同）；他们用很多话劝勉人们遵守。

---

⑲ 《使徒行传》11：4 以下。

38. 关于教会会议(council)的性质和作用的观察

　　如果正确衡量所有的事请，就会得出几条观察后的结论，它们会对解释教会会议的性质有所帮助。首先，最清楚的是，就教会制度来说，教会会议并不是权力永固的实体，而是召集由教会里选出的最有声望的人开的会议，他们为调解教会里的争议而齐聚一堂。由于从早期教会开始，教会会议就开得非常频繁，因此它们可以作为一个有说服力的论据，证明教会从来没有承认过某一个永无过错的法官去裁决争议。试想，如果一个个人就有足够的能力、并且能永无错误地解决纷争，同时教会会议的法令只能从他的确认中得到强制力量，那么把这么多教会首脑聚集在一起工作的目的何在呢？况且，组成教会会议的人没有被看作一个固定的委员会或团体的成员。因为委员会或团体成员凭借多数投票就可以彻底决定交给他们的问题，而这一决定对全体基督徒有约束力；但一般而言，真理并不是依赖于多数或投票。教会会议的成员也不会自称有立法权，不会把他们喜欢的法令和教规强加给教会。与上述相反，他们被看作教会中争论的人们，为了找出各自争议的真正基础、为了寻求在《圣经》中解决他们的争议而汇集在一起；因此不会强制各个教会承认教会会议决定，除非他们发现这些决定和上帝说的一致。因此可能出现的情况就是，一项争议第一眼看上去是错综复杂的难题,但是经过认真权衡,并正确研究了各自的理由后,就变得清晰而易于解决。如果教会会议形成了某些道德性的法令,但这些法令没有强制力,如果它们能实行,那么或者源于对实行的授权或权力,或者源于各个教会的批准;这就说明教会会议没有针对教会的强制力。顺便提一句,我忍不住提及这个要点或是断言:"教会会议处于教皇之上。"有了这样一种性质,则易于获得受正确理性或《圣经》指引的其他人的信任。因为大多数有学识的人合力寻求真理,总比一个人裁决更为可取,更何况这个人经常显得对《圣经》和上帝的洞见淡漠;如果我们不能认识到这一点,那我们就太笨了。似乎矛盾的是,声称"教会会议处于教皇之上"的还有一批人,他们恰恰把教皇职位作为教会中心,把教皇作为世界范围内大一统教会的监督。由于罗马天主教会自称是一个君主国,而承认教会会议至高性的断言又更倾向于贵族制。这个谜可以用新的语言来解开:只要他们认为这符合他们自己的利益,法国神职人员就允许教皇成为教会的最高首脑;但是只要教皇想做任何不利于神职人员、或者王国的国家政策的事,法国天主教会(Gallican Church)自由的古老歌谣和索邦神学院(Sorbone)的古代教义就复活了,它们时而给法国天主教会以借口,使得市野粗人相信,法国天主教会没有被罗马教会带来的恶劣而讨厌的错误污染。⑲ 要考虑的另一件事是,很清楚,如果争议发生,可以在本教会范围内解决,那就没有理由为此和其他教会联系;如果一个教会自身没有足够的有能力的教师调解分歧,那么必须求助于其他教会的教师,但是召集超过解决问题范围的大量人聚在一起,就纯属多余了。因此,安提阿的教会只是把整个争议交给耶路撒冷的教会,而没有去打扰腓尼基(Phoenice)和撒马利亚(Samaria)的教会,尽管他们派出的代表去耶路撒冷途中都经过了这些地方。除此之外,派出的代表应该

---

⑲ 法国的民族主义教会运动称为 Gallicanism。路易十四声称法国君主可以限制教皇的权力。1682 年,法国神职人员在巴黎开会,采纳了波舒哀(Jacques-Bénigne Bossuet)起草的四条 Gallican 规条。规条强调国王在世俗事务上独立于罗马,并且声称,在信仰事务上,如果没有整个教会的赞同,教皇的裁决不能被看作是绝对正确的。——英文本编者注

从他们代表的几个教会得到权力和指导，因为没有一个教会会毫无保留地服从它自己教师的裁决，除非他们的教导符合上帝说的话。对于《希伯来书》13：17 节所说的，也不能超过这一限制作另外的理解。除此之外，绝对必要的是，这些提出争议的人都应该在教会会议上发言，他们的理由应该得到检验、权衡，这些都应根据《圣经》书写所形成的规则进行。如果争议不是仅涉及一个教义观点，而是隐含着某种世俗利益，那些在里面有利害关系的人，不能妄图寻求一种歧视对立一方的权力来裁决。综上所述，很清楚，新教教会和教皇职位之间的争议不能通过教会会议来调解，它们之间的分歧不是仅仅来自于教义，而是事关支配权、世俗高位和大量的收入。用仲裁手段也没有任何调解它们分歧的可能；试想，谁能够自称可以决定这么重大的问题？新教徒无论如何也不会愚蠢到把他们自己和自己的争议交给他们不共戴天的敌人——所有罗马天主教徒的委员会去决定；他们也不会轻率地去这样要求。而对于教皇来说，他太喜欢自己的地位了，以至于不会将其置于仲裁的危险之下。那么如果委员会由双方选出相同数量的人组成呢？这个权宜之计几乎不可能被采纳，因为人们担心，它基本上不能被限制在适度的范围内，有时不得不显得像个半人半马双重性格的东西。

39. 教会在什么条件下
服从于异教统治者

　　至此已经充分论证了教会不是国家。接下来要思考,在教会早期处于异教君主统治下时,教会与哪种道德团体具有最近的关系。我们知道,这些团体的名称或者叫学会,或者叫社团,许多人参与其中,从事某种特定的活动;根据上述限定,这些团体并不独立于世俗管辖权。关于学会和社团的性质,雅各比·居雅(Jacobus Cujachus)的《观察录》(7 *Observ.* 30, and 16; *Observ.* 3 and 5)可能需要最先查阅。[⑱] 这里非常值得我们特别注意的是,这些为奉行宗教而建立的社团在古罗马帝国时代就为公共权力所允许。还有其他许多人可以证明这一点,如安西纳哥拉斯(Athanagoras)在为基督徒辩护的开始,就说:"伟大的君主们,因你们的命令,许多民族生活在他们自己的习俗和法律下,不受任何处罚规条的限制,每个人都自由地奉行教给他的宗教。"接着他又说:"所有的人都献出了牺牲,并根据自己本土家园的习俗,用着其他宗教的仪式。"[⑲]基督教得以在这么短的时间里传遍如此之大的一

---

⑱　雅各比·居雅(即 Jacques Cujas):《观察录》(*Observationum*)第 18 册,1618 年,第 7 卷,第 30 章:"论学会"("De collegiis","On Colleges")。——英文本编者注

⑲　安西纳哥拉斯:《为基督徒辩护》(*A Plea for the Christians*),第一章。参见注释 45。——英文本编者注

个帝国,信仰自由是所有因素中的真正的原因,这也是为什么最初极少有人反对基督教传播,行政官们没有把它当作属于自己省的事务,也没有干涉它。这也可以解释,为什么我们从来没有读到使徒们渴望离开世俗统治者去传播福音,或是去建立教会。不过要理解使徒们为什么没有为建立基督教会而被迫离开世俗统治者,还可以给出另一个理由:因为使徒们宣扬福音的直接权力来自于他——众王之王,依据他的命令,所有的人都要求进行悔改。⑱ 综上所述,可以得出合理的结论:使徒不仅拥有在听众愿意接受福音教义的所有地方建立教会的权力,而且在其他地方也有权力;无论教义在那里于何种程度上被移植,信徒们参加一个团体,或者根据自己的意愿建立一个教会,都不必从使徒那里得到这么做的授权或准许,而只需根据我们救世主的话,如果两人或三人愿意以他的名义集合,这就足够。这些社团都由特定的人通过自由选择和同意而建立,如果我们要探究它们的真正性质,则会很容易把它们看作与民主制相似的东西;其中涉及整个社团的事务根据共同的一致意见得到迅速处理,其中的每个人除了根据所有人的联合赞同而得到的权力以外,不能声称拥有任何凌驾于其他人的权力。从这里可以合理地得出结论:在早期,选立的教师和教会其他执事的权力,最初是掌握在整个教会或信徒的全体集合里的。不可否认的是,在早期教会里,很多地方的教师都是由使徒选立的;但是,希腊词语“χεροτονειν”(指与民主制有关,这里经常用在《圣经》里)已经足以说明,没有教会的批准,使徒们做不成这件事。现在很难证明,使徒们确实在所有较小的城镇亲自选立教师,或者在所有较小的地区和村庄宣讲福音。似乎更具可能性的是,使徒们在大城市和其他有名的地方布道福音,由此福音传到其他地区;而那些没有使徒本人选立、或通过使徒的特殊权威配置教师、监督或长老的教会,则或者选择最早在他们中间传播福音的人当,或者选其他有教育才能的人当。查阅圣保罗写给罗马人的书信,就会发现,在彼得和保罗到那里去之前,福音已经

---

⑱ 《使徒行传》17:30。

在罗马宣讲;⑱甘大基女王手下的银库总管,通常被认为是第一个把福音传到衣索匹亚的人,他还第一个创建了那些地方的基督教会,在他受洗之后,也没有从腓力那里接受作为监督或长老的圣职。⑭ 基督和他的使徒也没有像行圣礼那样,提出任何确定的形式用来授予监督圣职;这可以证明,获得这些职位,除了受教会的委派和具备教育的才能以外,并不需要其他更多的条件。不可否认,授予执事圣职,以及监督与长老接受圣职时的按手礼⑮是非常值得赞美和有用的仪式;但是,人们认为这些仪式对同样的职位来说不是绝对必需——好像没有这些仪式,就没有人可以被当作一个真正的教会执事一样;特别是,在最初的教会里,伴随这些仪式的还有神奇的天赐,但是那以后已经许多年过去了,这些仪式也变得没什么用了。教会和其他社团一样,有权为其执事筹集津贴,也有权为穷人筹钱;但是这与属于世俗统治者或主权者的类似权力有程度上的不同:世俗统治者有权征税,还有权强制臣民们服从他们的命令;而在教会中,这类权力仅仅在所有普通信徒慷慨解囊和自由同意时才能发现,因为信徒们认识到他们有义务付给做事的人津贴,有义务救助那些处境痛苦的人,他们不应该拒绝这样正义而慈善的行为。⑯ 只要没有侵犯其主权者的合法权利,所有的社团也和教会一样,有权根据其成员的共同意见,制定有助于达到其团体目标的规章。圣保罗在他写给哥林多信徒的第一封信里(《哥林多前书》第 7 章)推荐的就是这种类型的规章。如果有人违反了这些规章,他就会被理所当然地要求改正,或者受到由这些规章确立的某种处罚;要求改正或接受处罚不是凭借社团的固有权力,而是符合社团成员之间的契约。除非绝对出于达到其真正目标的要求,或者是出于主权者的授予,社团对其成员没有权力或管辖权;但是,如果在一个社团和它的成员间出现了争议,那么其余社团成员的干预和仲裁最终将

---

⑱　《罗马书》16。

⑭　《使徒行传》8:27 以下。

⑮　《提摩太前书》4:14。

⑯　《哥林多后书》8:2、3,9:5、6、7。

会培养起良好的相互沟通；这在社团中经常出现，并且不会有害于主权者的权利。圣保罗在《哥林多前书》6：1 及以下几节中对哥林多人的告诫，就可以从这个意义上理解。最后，在福音最初传播的外邦人要地，当时有许多恶并未被异教的律法惩治，人们遵守道德义务更多的是基于期望荣誉的鼓励，而不是世俗命令的约束；而且，基督徒相信，要使自己的入教誓言被接受和生色，特别需要靠自己过一种圣洁的生活；为了胜过外邦人，一些规章在很早的时候就坦率地被引入了早期教会，人们教授它们以便最方便地改正所有放荡淫乱的行为，圣保罗就此指出："如果有人被他的弟兄叫作淫乱的、贪婪的、拜偶像的、辱骂的、醉酒的、敲诈的，不要和这样的人一起吃。"⑱这里表明，在最早的时候，由于被认为不会对主权者的权力造成丝毫损害，所以教会运用处罚总是符合国家的利益——它使得臣民们能过上清白的生活。我们还需要观察的是，凭借这些规章施加的惩罚，具有这样一种性质，即可以在不危害世俗政府的情况下付诸实施；它们可以是私下的劝诫、公开的斥责和教会的苦行惩罚，最极端的救治方式是开除教籍——这或者表现为一段时期剥夺一名教会成员享有公共祈祷的权利，或者表现为完全把他驱逐出教会。这种最严厉的处罚所有社团都会做，即完全剥夺一个人的社团成员资格。驱逐成员对社团本身来说是最重要的时刻（因为一个基督徒由此就被剥夺了与教会的所有联系），但是并没有改变世俗国家或臣民的境况；那些被开除教籍的人在他们世俗的官职、荣誉、权利和财产方面没有什么损失。因为，要达到建立教会的目标，并不需要把教会的处罚延伸到臣民的世俗生活中去；也不能设想，如果没有从主权者那里诈取权力，教会的力量怎么可能凌驾于臣民之上实施——除非得到他们的同意和凭借世俗公共权威的力量。

---

⑱　《哥林多前书》6：9、10；《提摩太前书》5：20。

40. 基督教君主统治下的教会处境

我们接下来需要思考的问题是,当君主、王国和国家宣布信仰基督教以后,教会是什么样子,以及与从前相比,其处境发生了什么改变。观察到的情况是,教会没有得到关键的完善;很明显,没有国家,基督教也可以信仰、传播和存续;共同体也不依赖于基督教;就其本质而言,基督教的范围和世俗政府的范围截然不同。"我们是天上的国民;若是今生,我们只指望基督,就算比众人更可怜。"[⑱]基于这个理由,使徒从来不到君主跟前出现,尽管他们很容易通过做一些神奇的事而获得这样的机会。希律见到耶稣时特别高兴,因为他想看耶稣行神迹。[⑲] 但是使徒们对此很谨慎,以免使一些人觉得福音需要靠人的力量来维持,或者避免君主超越符合基督教安全的限度,自称对他们拥有更大的权力。尽管存在这些戒备,但是基督教无论如何也没有削弱或掩盖主权者的合法权利,相反,还确认和建立了世俗权力,就像《圣经》中的几个段落表明的那样。[⑳] 如果要认为教会是一个独立于任何

---

⑱ 《腓立比书》3:20;《哥林多后书》5:2、8;《哥林多前书》15:19。

⑲ 《路加福音》23:8。

⑳ 《马太福音》22:21;《约翰福音》9:11;《罗马书》13:1 以下;《哥林多前书》15:24;《提摩太前书》2:1、2;《彼得前书》2:13、14。

世俗管辖权的国家,结果就会是,世俗权力遭到了最显著的限制和缩减,而臣民的处境将会大大改变;另一方面,基督徒的处境,或者教会里教师的处境(就这样的思考)既不会完全破坏,也不会改变,因为此时无论君主,还是一般的臣民,都接受了基督教信仰,在《圣经》里找不到丝毫迹象表明基督徒的处境会发生改变;除此之外,《新约》里也没有直接针对主权者的明确命令,给予他们在教会里任何特别的权力,就像以色列的国王在《申命记》第 17 章得到的那样。综上所述,正当的主权者在教会和教会事务方面可以要求的,或者必须从世俗权力的自然建构推演出,或者必须从基督教的真实精神推演出,再或者就必须将其看作教会自由同意的结果。

41. 教会没有改变它们作为
一个社团的性质

　　根据上述论证,首先呈现出来的是,当一位君主或整个共同体接受了基督的教义时,教会相对其自然建构,并没有发生什么改变;教会还只是被正式看作一个私人社团或学会,但是,这个社团只要服从法律,就会得到身处高位者的爱护:他没有合法的权利打扰、起诉或毁坏它;这样,教会现在就处于其主权者特别的保护下,享有大量的安全,并免于受到异教徒的迫害。尽管如此,教会也没有从社团提升到国家。因为接受基督教不会使世俗政府经受任何改变或削弱;相反,主权者既没有丧失任何合法权利,臣民们无论如何也没有被免除他们的义务和责任。还因为若教会从社团提升为国家将隐含着一个矛盾,即一种双重的主权,以及臣民们两种不同种类的责任将在同一个共同体中存在。认为教会和世俗政府有不同的目的和目标,从而不会相互抵触,这种反对意见殊无意义。因为不能作出下述推断,即教会必须要成为一个国家,或如果基督教没有像世俗政府那样的权力,就不能传播、存续和信仰。在那些全体人民和君主都皈依基督教的地方,共同体将教会置于其保护之下;尽管双方严密地结合起来,但是之间却没有冲突和竞争,每一方都不会对各自的权力存在偏见,也丝毫不会相互干涉;教会仍然是一个社团,只是君主和所有的臣民现在都成了它的成员。于是,除了在国家中的身份以外,每个臣民还有了基督徒的身份,并因此被视为教会的成员。每个人在教会的身份并不是依据他在共同体中的地位和官职,而是将这些世俗条件搁在一边,只是把他看作是一个基督徒。因此,军队里将军在教会里不能要求任何超过小兵的特权。毋庸置疑,根据不同的职责和义务,同一个人可以拥有几个身份。

42. 君主不能被当作监督

根据我的观点,毫无疑问,接受基督教义的国王、君主或其他世俗统治者,并不是教会里选立的监督或教师;这些职位并不是正常属于每一个基督徒的,而只是属于那些具有合律法的天职,并能胜任的人。除此之外,国王的官职和教师的职位因此之故,不能只图便利地由同样的人担任;这不是因为他们之间有什么自然的抵触,而是因为它们各自都有一大堆麻烦和各种各样的事务要处理,想让一个人同时去做这些累活是不合理的。同样明显的是,成为基督徒的主权者并没有被赋予权力去改变教会的管理、随意命令教会、强迫福音牧师教《圣经》中没有的教义,或鼓吹对信仰规条的人为捏造。因为,牧师教什么、如何教是由上帝决定的,上帝要求国王像其他基督徒一样遵守这一点。还需要考虑到,无论君主什么时候接受基督教义,教师都保持着他们此前的地位,对上帝的义务和责任不变,所有其他的基督徒臣民也是如此:基于他们的宗教,他们只从上帝那里接受指导,不需要主权者的帮助,因此主权者不能声称有任何权力将类似的事强加给他们。

43. 基督教君主保护教会的义务和权利

　　尽管如此，也不能认为，主权者成为基督徒后没有获得任何特别的权利、没有比之前更为特殊的责任；确实有这样的责任，可以把它看作是每个基督徒不可推卸的义务与国王职责的结合。首先，最主要的责任是，主权者应该是教会的保护者，他们不仅有义务防止那些胆敢反对教会的臣民的不利行为，而且要防止外国人在此范围内危害其臣民的企图。尽管基督教义不能靠暴力或武力传播，救世主也竭力教导我们把忍耐和受苦作为基督徒的美德，但这并没有禁止君主们使用合法手段保护基督教的权利，除了反对敌人保护我们的合法手段已用尽的情况，忍耐不应该有它的正当位置。于是我们看到，圣保罗说他是罗马人，从而免受鞭笞，并且避开了向皇帝控告他的犹太人的狂怒。⑲而我们的救世主也对门徒留下了下述忠告："有人在这城里逼迫你们，你们就逃到那城里去。"⑲对所有主权者而言，保护臣民免遭所有暴力是义不容辞的责任；他们应当对臣民进行更有效的照顾，使臣民不要因基督教而遭受任何伤害；对一位基督教君主来说，如果臣民因信基督教而遭受折磨，难道还会有什么理由逃避指责吗？基督教君主的第

⑲　《使徒行传》22:25。
⑲　《马太福音》10:23。

97

二项责任,是要为基督教的活动提供必需的税款。如前所述,早期教会除了施舍和信徒的自由捐献以外,没有其他财产;而施舍和捐献的数目并不确定,在有些地方,信徒们很穷,而且还要缴纳其他税款,没有能力满足教会的需要;这样,教会里的执事和教师如果没有其他可依靠,只能单单靠信众的捐献,就会受到匮乏的不小危害。同时,也不必回避这一真相,即在君主和整个国家接受基督的教义后,却出现一种不恰当的现象:他们享有充足的税收,却吝啬地对待教会;多数人(确实占据了大多数)还根据收入来看待一项职责的价值。圣保罗在《罗马书》15:27节教导罗马人的,以及《哥林多前书》的9:11节应该引起基督教君主更多的注意,因为他们掌握着公共收入的管理权,可以毫不困难地将其付诸实施,而不会对他们自己带来可以察觉到的伤害。不可否认,太多的收入对教会的执事来说也没有用,有时也会同时损害教会和国家;以传福音为业的牧师,不能用他们的职责作交易,也不能认为他们的主要任务是变得富有,而牧师只是他们的副业。但如果好好想一想,如果一个真心(就像他应该做的那样)投入牧师职责的人,却没有其他办法养活自己的一家,而平民百姓却很少对一个牧师有应有的尊敬,除非他们他们看到他生活阔绰优越;因其职责而挨冻受饿的牧师可以用诗里的老话形容:"*Apparet servum hunc esse Domini pauperis miserique.* 这个人显然是贫穷、可怜的主的仆人。"君主应当把持久付给教会牧师一定的薪金或收入、至少维持他们的生存,作为其主要贡献。在《旧约》里,祭司要离开祭坛生活,但是那些最好的东西应该被送往祭坛。⑲ 除此之外,君主不仅应该照看教会的建筑,而且应该设立和维护学校,使它们同时成为教会和国家的学府;如果基督教的最基本原理不能在学校被植入心间,那么就几乎无法设想,这些孩子长大后会从公开布道中受益。

---

⑲ 《加拉太书》6:6;《提摩太后书》2:6。

44. 君主对教会事务的权利之一：一般的视察

关于君主对教会事务正常具有何种权利的问题，很明显，由于根据福音教义，世俗权力无论如何不会削弱，所以当君主接受教会并置于其管辖下之后，他可以合法地要求对教会进行一般的视察，就像对其他所有的社团一样；至少，他要关心这些团体没有做有害于他的事情。由于人的本性是如此不完善，以至于如果做事（哪怕是做最神圣的事）没有受到控制，他们极少会使经手的事情不留污点。因此不用怀疑基督教义也会受到腐蚀，而在宗教的伪装下，会有许多有害的计划筹划出来反对共同体的利益。教会建立在君主的领土上，如果他随后参加了那个教会的圣餐仪式，就毫无疑问有权利检查长老会议、或教会法庭（如果有）做了什么事，以及以什么方式做这些事，它们是否越过其界限？他们是否违反了世俗法律，是否没有把世俗管辖权决定的事项归到他们自己的权力名下？例如婚姻事务，神职人员没有理由、也没有借口去管，他们去管，就会对主权权力造成很大损害。因为依据自然法和上帝之法，主权者拥有不容置疑的权利制定关于婚姻问题的法律，我看不出有什么理由不让他们去决定关于婚姻的纠纷。教会执事运用的是教会的规条，但君主可以合法地询问：在这些由我们的救世主立下的规矩后面，他们是否加入了可能有害于国家的新奇东西？这些新奇东西不是基督教的核心部分，恰恰相反，它们如同损害自然美的污点。因此，除非厚颜无耻地承认基督教可以被合法地滥用，我看不出从哪一方面可以否认去除这些污点，特别是由那些利益最为相关的权力来去除。既然我们认可每件事都应该在长老会议、教会或主教法庭依其应有的规矩进行，那为什么会对主权者审查它们的进行情况而感到羞耻或愤怒呢？在主权者加入教会的圣餐仪式后，这一视察的权利从未停止过；主权者有责任留心滥用的习气是否会逐渐沾染教会，因为如果假以时日，这样的滥用会危害国家。

45. 君主对教会执事的权利

选立教会执事的权利最早属于整个信徒的集合,而君主作为信众的一员,必然在其中有一份额。我来说说他的份额。除非有非常有分量的理由,不顾教会成员的反对、没有他们的批准,把执事强加给教会是毫无道理的。君主有权选立世俗官员和其他公共职位,这是主权权力的一部分,而选立教会执事的权利并不以同样的方式属于君主,这一点应无疑问。教会里的教师不是国王的大臣,而只能被看作基督的仆人和教会的执事,而不是国家的官位。因为在早期教会里,执事由 χειροτονίαν 选立,或者基督徒的投票决定,君主在他加入的教会,可以合法地要求他的投票权;但是对他统治下的其他教会,选立执事则应该留给各个教会自由决定,除非有什么压倒性的理由迫使君主实施干预。违反教会意愿强加给他们执事,是不正义的,他们可以合法地提出任何异议去反对他。因为如果一位教师是强加给他的听众的,那么从听众那里他就得不到尊重和爱戴,也就无法用教义开导听众。然而,主权者应该可以对教会进行监督,留心使那些不能很好胜任其神圣职责的人们不通过买卖圣职或其他非法手段担任执事。因为尽管防止腐败是整个教会的利益,但主权者可能会比个人期望的做得更为成功。他们可以授权特定的人员在教会选举时到场,这些人凭着获得的权力,可以防止所有形式的混乱和腐败,同时又恰当地询问,将要被选到执事位置上的人是否拥有可资赞赏的生活与见解。[⑭] 因为教会的执事在履行职责时有时会疏忽大意或行事反常,这常被看作是教会里丑闻和派系的起因;[⑮]主权者可以在其上设立督查者,他有权宣布某人有罪,有时还可以处罚那些违规的人。但是,由于这些督查者在人类的易受诱惑方面,一点儿也不比其他人做得好,所以必须注意好好限制他们的权力,如果违背对权力的限制或侵犯教会执事,他们就必须要对自己的所有行为或者向君主、或者向授予他们权力的会议负责。这些都有助于教会良好秩序的维持,因而最好由主权权力付诸实施。综上所述,君主作为教会的主要成员,可以正当地要求正常属于他们崇高地位和国家职务的这类特殊权力。

[⑭] 《提摩太前书》3:10。

[⑮] 《罗马书》16:17。

46. 召集教会裁决会议的权利

    当教会里发生关于教义观点的分歧或争议时,教师们就会依据其观点分为几派,此时,关注分歧能否调解就属于主权者的权力;这不仅因为主权者是教会的一名成员,而且因为他是共同体的最高首脑。我们经常看到,有关各方的观点分歧和敌意会引起国家的巨大动荡。基于这样的理由,主权者有权力召集最有能力的神学家会议,并授权他们详查争议,根据《圣经》来裁决;对会议的最高监管应当由君主的权力实施。因为很难设想人们会平和友好、不激动、也没有敌意地处理争议;但是,如果会议由精通业务的人出席,则他们的荣誉和利益就要求平息激动之火,让争论在公正的气氛中进行。除了君主,我找不出其他人可以要求这项召集裁决会议的权力;比如说,假定一方拒绝出席会议,还做一些相反的事情,你能用什么办法迫使他们出席呢?而除了手握主权权力的人,谁又能不那么困难地使这种级别的裁决会议运行呢?尽管同时不应忘记,这一权力不能超过其应有的边界,而必须符合基督教的精神。但是,当其他国家的神职人员受邀参加大会或会议时,我想很清楚,如果没有先获得他们各自主权者的认可,就不能来参加。因此,如果要召集一个由来自许多共同体的神职人员组成的裁决会议,则首先需要在相关的几个主权者中间达成协议。因为其他国家的臣民基于这样的理由到我国来是不被允许的,同样,也不允许我国臣民为此类差事到他国去,除非各国的最高权力对此有了共识。由于主权者不能要求相互之间的管辖权,所以这里不存在某种独有的最高权力,而事务只能通过相互间的契约来解决。

47. 涉及教会戒律 (discipline)的君主权利

早期教会引入教会戒律的原因，就是要凭借基督徒的神圣生活与作风，把自己与异教徒区分开来；又因为世俗异教律法没有使人们远离基督徒厌恶的恶行，所以要用教会戒律来弥补它的缺陷；这些上面已经解释得很充分。但是在整个共同体包括他们的主权者都接受了基督教会的圣餐后，这个理由就不存在了；因为如今异教已被根除，已经没有同样的理由通过一种没有污点的作风，把基督徒从异教徒中区分开来，而所有的基督徒都处于公平的约束之下，努力去过一种纯洁无瑕的生活。尽管整个共同体普遍皈依了基督教信仰，仍然需要关注这一点，即基督徒不能把生活的神圣性搁置在一边；于是就提出了这样的问题：今天用和早期教会同样的方式运用古代的教会戒律是否更好？或者说，在主权者接受了教会的圣餐以后，承认（运用古代教会戒律的）一些变化是否可以不被看作权宜之计？第二个问题看起来最有依据；因为在一个特定时期被引入的古代教会的戒律，尽管弥补了异教律法的缺陷，使异教邪恶的生活与作风改过自新，然后交由特定的人指导，但是其本身并不是基督教的关键部分；况且除此之外，如果考虑到伴随着它的不利条件，则古代教会的戒律很容易蜕化为一种伪称的主权，从而侵害世俗权利。而且，由于主权者有权利对付任何可能在国家中引起大骚乱的事件,所以缺陷可以由世俗法律弥补,恶则由世俗惩罚来压制。我看不到任何理由说明相反的观点,即恶为什么不会很容易地被世俗法律确定的惩罚纠正,就像教会惩罚达到的效果一样;或者说,为什么世俗惩罚不像教会惩罚那样,在控制公共丑恶现象的行动中那样有效?可能会有反对意见说:就基督徒改过自新他们的生活而言,教会戒律比世俗惩罚有更大的影响力;因为教会戒律能够渗透入心灵,而世俗惩罚只能触及我们的表面。对此的回答是:教会戒律不是总能做到这一点,无法否认的事实是,有人接受了所有的教会戒律,但心里仍存在同样的邪恶倾向,有时还会变得更加顽固和放肆。但是如果就全能的上帝对我们罪孽的赎救而言,如果我们想要抵偿任何属于人类法律管辖范围的违规行为,我们就必须根据上帝的话来做,而上帝并没有提到任何教会的惩处作为其合适的补偿。因为我们罪孽的赦免不是由于接受了教会的惩处,而是由于我们的心灵被基督的鲜血净化,通过信仰,他给了我们赦免,把他的受难用在了我们的罪孽上。不过,非常容易想到的是,还是有一些种类的恶应该通过教会戒律而改过自新;最适宜的方式便是,首先把它留给世俗法官裁决,法官应根据案子所处的环境,把违法者送到教会法庭接受教会的惩处。因为基督教的主权者拥有无可置疑的权利来裁决哪种不端的行为将受世俗法律的惩罚,哪种又应受教会法庭的管辖;然后,要根据违法行为的性质,判断违法者应当接受哪种类型的教会惩罚,并相应地由执事付诸实施。涉及开除教籍,则不能适用上面说的方式,而要警觉地考虑到,开除教籍不能留给神职人员去自由裁决,以免他们随意施加这一惩处;开除教籍的权力应该受到国家中有立法权的人制定的明确规则的限制。因为在一个基督教共同体中,开除教籍会改变一个臣民的世俗处境,使他在其他基督徒中声名狼藉、令人憎恶;由于开除教籍会影响臣民和主权者的世俗境况(除非他们愿意让别人侵犯他们的权利),所以应该在判决时考虑其合法性。

48. 涉及制定教会规章权力的君主权力

　　由于基督教无论如何也不会削弱主权者的权利,因此主权者一旦接受了教会的圣餐,就有权力检查教会中的准则或规章:如果发现某些规章是多余的,或干预了主权权力,就会清除这些规章;如果规章存在缺陷,则依据维持一个良好秩序和教会荣誉的要求,弥补其不足(不过,不应该在没有收到教会的意见、或至少是教会首要人物的意见时这样做);最后,给予教会规章国家法律的力量。不过,行使订立教会规章的权力时,必须保持极大的警觉,必须把这一权力限制在教会-政府的可见形式之内,保持其秩序与合宜的形式,不能让基督徒被成堆成堆的规条压迫。⑲ 因为,如果主权者对基督教具有绝对的裁决权力,可以赋予他们权利,通过世俗法律建立信仰的确定条款,或者给他们添加一种与世俗宪法同等的力量,在严厉的惩罚下,向臣民强加特定的宗教信仰,或是强迫臣民接受或放弃某种在基督徒中间争论不休的教义观点;我要说,当主权者的权力延展到这样一种程度时,已经完全违背了真正的基督教精神,完全违背了基督和他的使徒为传播教义用过的方式。这种权力的扩展破坏了我们信仰最关键的部分,而这一关

---

⑲　《歌罗西书》2:16、21、22、23;《提摩太前书》4:3、4。(英文本注释为 4:34。按《提摩太前书》没有 4:34 节,根据上下文含义,似为 4:3、4 节之误。——译者注)

键部分是圣灵的赐予;它把我们心灵中的信仰蜕变为表面的忏悔,这种忏悔就是为了避开世俗的惩罚,用口舌被迫说出与心灵决无一致的言辞。下面一点再次确认了对权力的限制:绝对扩张主权权力的做法没有理解那些从自然宗教中来、同样也包含在基督教里的观点,即对最高存在要有深刻的敬畏。因此,行为违反理性要求的人由于冲击了世俗社会的根本基石而应受到世俗惩罚,这一点绝无疑问。这些行为就是偶像崇拜、亵渎上帝、在安息日玷污神灵。不过这里仍然需要高度关注一个区别,即安息日规戒中不可更改的道德部分与仪式部分的区别。君主在第一次领受基督教圣餐时,可以合法地打破偶像的身像与庙宇,以及那些服务于迷信崇拜的器物和集会场所。也不应该质疑,基督教主权者有权向谩骂基督教整个体系的人、向嘲弄基督教信仰神迹的人施加世俗惩罚,主权者可以把这些人驱逐出国。但是对于其他人,则不能认为,我们头脑的真正开启、我们对那些超越人类理解力的信仰规条的内在认同,可以通过暴力手段或者世俗的惩罚达到。因为,假如你强迫一个人隐藏他的思想,说些与他的真实想法相反的观点,纵使他的忏悔极为正式,他的行为态度极为沉着、与确定的规章完全一致,也与真正的宗教没有丝毫关系,除非他同一时间确实感受到一种内在的动力,以他的心灵去遵从他所表白的东西。根据基督教义的真正精神,人们也不应因世俗利益、荣誉或其他此类好处的诱惑而接受基督教。因为基督允诺过,跟从我的人,将在他们此后的生活中收到报偿,但除了十字架和苦难以外,基督并没有向他们预言什么。而且,那些出于世俗利益的动机而接受宗教的人,会明白地显示出,他们重视自己的利益甚于宗教。因此,人只要有常识,就不会使自己相信这样一种崇拜能够让全能的上帝满意。主权者的选立不能为了宗教的目的,不能以这样的借口强使臣民在宗教事务上盲目服从,毋庸置疑的是,如果臣民盲目地跟从主权者的宗教信仰,他们不能被确保可以因主权者的权力而获得救赎。据此已经很清楚,如果臣民全然相信,他依据《圣经》,发现任何逐渐侵入教会的错误,甚至那些错误已经由律法认可(特别是关于信仰的首要观点的),在提出其理由、并在最

好与最有能力的法官面前进行充分辩论之前，他既不能、也不应该被
主权权力所妨碍；如果通过上述法官的合法行为，他清楚地认识到是
自己的错误，那么此时（而不是此前）才应该让他保持沉默。单单通过
世俗权力强迫人们进入教会，必然需要使共同体变得伪善，不能设想
强迫入教会的人会根据他们良心的约束行事。由于在宗教事务中，心
灵与言词之间需要保持绝对的一致，又如何能够心口不一地从事宗教
活动？而当他们想到自己利用了全能的上帝，他们的良心就永远不会
安宁。

49. 主权者作为公共安宁的保卫者，对教会事务有什么样的权力

维护公共和平的职责，以最特别的方式属于主权者，这一职责使得一些主权者以似是而非的借口断言，由于宗教分歧导致了国家频繁发生动荡，而政府最高兴的事情就是，它的全体臣民信奉同一个宗教；为了根除宗教中的分歧，无论是否极端暴力，所有手段都应该被采纳。他们声称，我们的灵魂较之我们的肉体更为宝贵，因而更多的主权权力有责任监管它们；他们还声称，当主权者有效地照管臣民的救赎时，最能出色体现出他们对臣民真正的爱。必须承认，这都是些非常似是而非的借口，但有时会对君主们产生强有力的影响；君主们并非自然倾向于严厉苛刻，但他们被这些看似合理的论证说服，用残酷对待神职人员的方法来增加他们的权力。在一个组织良好的政府里，对这些似是而非的理由作出什么样的解释，是我们需要精确探讨的问题，这一点也没有超出我们论述的范围。首先要考虑的是，我们的救世主已经预料到，在麦田里会有教会的杂草；这就是说，教会里会出现错误的教条；根据我们救世主的吩咐，这些杂草的根枝并不能被清除，而是要保留到最后的审判日；而当主权者采取暴力方式清除它们时，会给臣民们带来浩劫，无论是对清白者还是有罪者，这都同样是恶劣的；不仅

如此，主权者还会发现，要彻底清除教会里的错误和分歧，是不现实的。没有人比我们的救世主对人类的爱更深，他为了我们得救而牺牲了自己；可是当他完全可以命令十二名上帝的使者强迫人类去遵守时，他却除了教导以外，没有采取其他手段传播福音。而君主却为了改变臣民的信仰，将行为不端的恶棍作为传导其意志的重装骑兵，他们如何能够被认为是遵循了基督的教导？关于主权者爱臣民的借口，最为似是而非；基督教义传播的方式依照的是基督教的真正精神，主权者不能借这个理由企图颠覆或改变这些方式。除此以外，所有臣民普遍信仰同一个宗教并不是维护公共安宁的绝对需要；换句话说，仅仅是一些宗教观点上的分歧，并不是国家动乱的真实原因；恰恰是某些人的激愤和敌意、野心和邪佞的热情，把这些观点上的分歧作为自己的工具，经常在国家里兴风作浪。必须要控制这些会引起动乱的情绪，并要留心，当这些人要求影响臣民思想的权力时，应捆住他们的双手，使人们能安宁地享有信仰上的自由。只要臣民安宁地生活在其政府之下，什么能促使君主仅仅根据观点上的分歧去惊扰他那么好的臣民呢？就算他们的观点是错的，君主也不会为此冒风险，相反，臣民们自己要冒风险，必须独立地对此负责。因此，在我看来，授予主权者的利剑，是用来剖解争议之乱麻的，就像亚历山大（Alexander）对付戈尔迪之结那样（Gordian Knot，希腊神话中弗利基亚国王戈尔迪打的难解的结，引申为难办的事。按照神谕，能入主亚洲者才能解开此结，所以马其顿国王亚历山大挥剑把它斩开。——译者注）。但是，这并不意味着我要鼓励所有形式的异端和放肆行为，我宣布，这种指责已经远离了我的目的，我的目的正好相反，即希望并应该努力在一个国家中确立一种信仰和宗教，特别是那个完全符合基督及其使徒的教义、包含在《圣经》里的宗教；这一宗教可以有助于公共安宁的维持。因为我并不认为，共同体内宗教的完全一致是所有宗教同样有能力达到的；伊斯兰教徒（Mahometans）、阿里乌教徒（Arians，4 世纪的基督教异端。——译者注）、再洗礼派教徒（Anabaptists，基督教的一派。——译者注）和敌基督者自己等异教徒就不能要求那一特权，只有载于《圣经》中的真正的古代宗教可以。因为只有追溯到早期基督教纯正而真正的源泉，才能被看作是真正的古代宗教。就像在犹太人中间，古人的踪迹在《摩西书》的教义里显现，犹太人因能跟随古人的足迹而自豪。所有那些本质上从其真正的源泉退化的东西，尽管可能从某些时代的传统中得到支持，也只能被看作一种根深蒂固的错误。君主作为公共安宁的保护者，有权力调查哪些规条被教会采纳，并促使它们依据《圣经》的真正精神接受检查；这种管理不能被交给一些人去掌握，他们可能会因派别和利益而摇摆，而只能交给具有《圣经》丰富知识的所有人。如果每件事都与其规则一致，则主权者用他的权力命令这一教义在公共和私人领域同时教授。而在宗教的公共形式没有建立的共同体中，主权者可以建立一个——在那里，规条在精通《圣经》的人的帮助下整理，由臣民的普遍同意批准，并被所有人执行，所有人，尤其是那些试图当执事的人，都能接受规条的约束。当人们接受了这种形式的崇信，君主可以正当地取消对那些不愿意遵守规条的人的保护，除非他认为这样做会危害共同体的共同利益。如果有人要从事对抗这一公共形式的活动，特别是涉及基督教的主要部分时，他应该受到警告，并停止这一活动，他的理由（如果他有的话）将被审查，当他的错误被宣布的时候，他应保持缄默；如果所有这些都没有效果，则他可以被合法地放逐。因为根据使徒的教义，我们要避开与异教徒的交往，但是要让全社会的人离开一个或一小部分受怪异念头驱使的人，是不合理的；因此，在错误被合法地宣布后，那个或那些有怪异念头的人就应该去寻找一块新的居住地；这样做是因为担心他们会进一步传播其错误的教义，从而超过维持公共安全的限度。但是在这一案例中，除非他们的教义严重到亵渎上帝，否则我们不允许进行其他惩罚。

50. 关于在一个国家中宽容几种宗教

　　尽管如此，还是可以断言，有这样一个时间和环境的联结点，主权者可以、而且应该以一种可靠的道德心，宽容其臣民持有与国教不同的观点。因为情况可能是这样，不顺从国教的人数量很多，无法在不危害国家的情况下把他们全部驱逐，而如果他们在另一个政府下安居，也不会不对共同体带来危险。按照某一类人的一种共同说法，抛荒一个国度也好过让野蛮的（如果还不至于没有人性）异端在那里定居。而一位特定的君主说过，他宁愿除了一根拐杖以外什么也不带地离开他的领土，也不能忍受它被持异端的居民占据；他可以被看作是基督教国家中最偏执的狂热者。福音教义对世俗社会没有破坏，丝毫没有把用暴力和破坏性手段传播基督教作为君主的责任，也没有让君主从事超过作为公共安宁保护者责任的活动；相反，福音教义以一种可靠的道德心取代了这些暴力手段；如果真的使用暴力传教，国家或者处于危险中，或者会遭到削弱。特别是，我们的救世主自己就没有用这些手段，也没有命令他的门徒采用任何类似的手段。另一方面，那些在国家中得到宗教宽容的人，无论如何应该努力和平而安宁地生活，应该成为好的臣民，而不应该宣讲那些带有反叛和不服从性质的教义，也不应该允许反叛和不服从在他们的信众团体里被煽动起来，从而可能破坏他们主权者的权力。因为，没有什么好怀疑，君主有权利驱逐传播这些言论的人，他们与宗教无关，而像是污点，一些头脑混乱的人就用它们来诋毁基督教。除此之外，主权者对一个不止宽容了一种宗教的国家还有一项义不容辞的责任，就是监督那些持不同意见的各方，不使这些异议爆发为宗教分歧的过分表达，从而成为点燃他们敌对情绪的燃料，而这些敌对又经常变成派系、灾难和内乱的源泉。主权者有非常重大的责任去容忍持不同宗教观点的人，如果他们首先服从政府，有着社会契约认可的信仰自由；或者之后通过某种协议、任何随之而来的规章，或通过国土上基础性的法律服从政府；对于君主来说，所有这些都应该受到尊敬，君主应以同样的慎重态度监督他们，如同他们期望从臣民那里获得应有的服从一样。在受到恰当的审查、并且向当事方宣布之前，关于宗教事务的观点都不应该被宣布为错误，如果他们准备证明的观点同样来自于基督教信仰的根本条文时，更应该如此；同时，需要特别留心，不能让某一观点的对手对这一观点做出宣布为错误的决定，因为他们可能会为自我利益驱使，同时成为控告者和裁判者。不少政治家都持有这样的观点：主权者可以用可靠的道德心保护其臣民，尽管他们对宗教的观点是错误的，但如果对共同体有好处，尤其是如果能对其进行监督，那么他们就不会把其他人拖进同样的错误。因为，当国教在教义的观点和道德上都胜过所有其他宗教时，人们更应感到希望，因为持异议的各方可能会及时地转而相信国教；而不是感到忧惧，害怕持异议者会去引诱别人。除此以外，这还有助于增加国教神职人员的热情和学识，经验已经充分证明，在没有不同宗教激烈争论的地区和时代，神职人员很快会蜕化得无所事事和举止粗俗。

51. 主权者在宗教事务上不应被阿谀奉承者误导

当主权者在所有其他重大事务上都应该行为慎重时,在宗教事务上却不能过于听从有些人的所谓告诫,这些告诫中的不正义,是所有对臣民做的事情中最显而易见的。因为没有什么事比让臣民因他们对基督的信仰而受苦更糟糕了,而让他们受苦可能没有其他原因,只是有些人出于自己的利益,不能同意他们的观点。如果君主受到他残忍的性格倾向驱使,对臣民实施暴虐统治,那么全世界都会憎恶他。一个君主,竟然部分承担了行刑人的角色,还被别人当作工具,以满足他们针对自己同胞的残忍计划,还有什么人比这样的君主更可恶? 因此,如果尊重自己的良心,那么所有基督教君主都应该避免这一类事务的各种形式的极端行为,除非事先每一个具体的方面都得到很好的说明,否则永远不得采纳这些极端手段。君主不应仅仅满足于、或完全依赖于其神职人员在他面前的表现(尽管在外表上不能表现得更虔诚);可以找出太多的事例说明,最好的君主,因其本性,排斥所有形式的残暴,但是在过于热情的神职人员怂恿下,变成了最残酷的暴君。我们几乎没有听说过君主会去裁决医学或其他科学(他对此有特别知识的事务除外)中的争议,而宗教事务更为重大,成百万百姓永恒与暂时的福祉全赖于此,除非主权者在裁决前就涉及到的每一方面都接受了非常好的指导,否则为什么要过于热心地去裁决宗教争议？况且由于君主很少有时间和心思接受神学训练，所以他一般会带有自己对神学自然理解的偏见，而不大会受其他人观点的影响。例如，有证据显示，对于新教徒和天主教徒的争论，基督教君主就很难辨别孰是孰非，因为双方都会提出控告另一方。如果考虑到新教徒从来没有禁止不是教士的普通人读《圣经》，相反，还鼓励他们阅读，并把《圣经》作为其教义的检验手段，作为发生争议时的真正法官；就会发现，新教徒相信他们的事业是善的，不去禁止阅读天主教作者的著作，反而允许它们公开出售，是因为新教徒很自信，虚弱的天主教论证即使是对那些无关紧要的问题也不会造成任何影响；非常奇怪，为什么罗马的教会不允许不是教士的普通人阅读《圣经》，不仅如此，他们还千方百计压制《圣经》的效力；因此，在宗教裁判风行的地方，一个亵渎上帝、做伪证，或是犯了其他最严重罪行的人，都没有阅读和查验《圣经》中神迹的人面临的危险大。另一方面，他们对传统以及教会的特权大呼小叫，把教会的职位以一种最特殊的方式划归自己，尽管其他人并不会允许他们担任这些职位；这样，他们就给了自己裁决自己事业的权力。一位君主非常有必要注意，他们不允许我们的书籍在他们中间阅读，他们小心地让自己远离伟人的学识，尽管这些伟人也属于他们教会中领圣餐的一员。只有无知的人才不知道，之前克服了多少巨大的困难和障碍，奥格斯堡忏悔（Augsburgh Confession）才读给了查理五世皇帝听。（查理五世为神圣罗马帝国皇帝，1555 年与德意志新教诸侯签订《奥格斯堡宗教和约》，允许诸侯决定自己国内的宗教。——译者注）综上所述，任何没有偏见的人都会认识到，新教徒依靠其事业的善做事，而罗马天主教徒由于不相信自己的事业，所以担心一旦根据《圣经》和新教徒的著作进行审查，他们的教义几乎不能经受检验。还需要考虑的是，罗马天主教徒和新教徒的利益之间的距离是多么遥远。尽管双方对祈求上帝荣耀和福音真理的公众都有同等的热情，也不可否认，罗马天主教徒里面有大量人对此极为热心；但是，如果我们正确地思考人类的一般本性，就会很容易发现，他们希求更多的东西；如果我们好好比较一下双方的神职人员，就会很容易辨别出这"更多的东西"是什么。绝大多数新教徒的神职人员是如此限制自己的收入,以至于无法在国家中生活;他们的收入来自于作为教师的工作,他们的权利基本上也不会超过他们的收入水准,就是说,非常有限,有时还非常低微。他们的人身和财产依赖于主权者的权力,除此之外,没有其他地方去求得保护。与此相反,天主教神职人员的生活是多么豪华,财产是多么丰裕啊!在欧洲,什么样的权势高位他们没有达到啊!他们难道没有自主决定其事务,以至于差不多独立于世俗统治者了吗?在所有这些方面,新教徒有什么可能会像天主教神职人员那样去挂念世俗附加的利益?因为,人们首先想的就是他们已经拿到手的东西,这样,天主教神职人员的眼光就会更多地在巨量的财富和整个王国的财产方面停留。如果好好思考一下这些,就会发现它们是有说服力的证据,证明天主教神职人员反对新教的所有叫器,其本质和底米丢在以弗所反对圣保罗的一般无二。⑩ 由于爱和逆来顺受是基督教信仰的产物,所以天主教神职人员用来反对新教徒的残酷手段,应该被君主怀疑,并且是对君主的一个预先警告;那些人用这么野蛮的方式控告所有反对自己的傲慢和野心的人,对他们还能期待什么好事?在早期教会里,当迫害停止后,阿里乌派信徒(Arians)是首先对基督徒作出威胁姿态的人;但是,如果他们确实试图用武力传播自己的教义,他们也没有必要为此羞愧而脸红,因为类似的残酷迫害在现在的天主教神职人员那里很流行。如果我们还没有完全确信,妒忌不是基督的精神,那么就来看看我们救世主自己是怎么说的。当雅各和约翰想要火从天上降下来烧毁不接待耶稣的村庄时,我们的救世主责备他们说:"你们的心如何,你们并不知道。人子来不是要灭人的性命,是要救人的性命。"⑱基督之剑并不是佩戴在人的身上,而是从他口中出来;⑲在《圣经》里,没有一个段落表明,基督的教会要由异教徒的鲜血浸染;但是《圣经》却说,巴比伦的淫妇喝醉了圣徒的血和为基督作见证之人的血。⑳

---

⑩　《使徒行传》19:24、25、26、27。

⑱　《路加福音》9:54、55、56。

⑲　《启示录》19:15。

⑳　《启示录》17:6。

52. 主权者的权利有时
以宗教借口遭到侵害

　　最后,由于主权者应该小心守护自己的特殊权力,所以对于他们来说,进行下述活动没有什么不正义:调查新教或天主教哪一个侵害了他们的权力,哪一个最能与世俗政府和谐共存。因为当世俗权力在宗教的托词下经受了减损时,就是主权者应当四面观察、检查这些托词存在的基础之时;很明显,世俗政府先于基督教建立,进而也有证据清楚地显示出,世俗权力如何被基督教削弱。现在,如果我们深入天主教神职人员的选立看一看,就会发现,这里有许多步骤和级别,有各种各样的诡计和阴谋;他们最后拼凑出一个他们自己的有权势的国家;其中的最高首脑,在过去的那么多日子里,都拥有着大块的领地,像一个主权者那样活动;不仅如此,他还把自己的权力强加给所有遵奉罗马天主教的人。因为他们不认为全体神职人员隶属于他就够了,而且他还想要决定所有信仰事务的绝对权力,这就意味着他确信能够在他乐意的地方引导人们的精神。如果世界上有任何破坏世俗权力的事情,那么必然就是这样:一方占据了他们的领土,宣布脱离他们的管辖,并从属于外国的权力;否认他们自然的君主有权统治他们,或至少只在他们认为合适的时候承认他。如果邻国通常都是相互间最为妒忌的国家,那这能否被看作是国家的重大谬误,即准许隶属于外国的管辖权,并让共同体接受? 这是接受外国警卫部队守卫我们要塞、或允许外国武装力量在我们的领土中间安营扎寨的另一种途径。当维持这个教会国家辉煌的税收从任何君主的臣民手中被榨取,并已榨干其领土的最好部分时,这一损害会更为致命;可实际情况却是,这些吸血鬼不仅被免除了所有形式的税收,而且自称是一个合法的权威,以此,就能向臣民施加惩罚,并解除臣民对其主权者应有的效忠。如果没有对公益的巨大损害,我无法看到君主怎样能让神职人员获得哪怕是最小的对人的权力;如果君主和神职人员偶尔一起发难,那么可怜的臣民就要承担过度的税负,因为他们将同时为两个对立的主人服务;在神职人员免除所有贡赋的地方,税负必定更加沉重地落在臣民身上。最后,同时顺从教会和世俗的管辖权,对臣民来说难道不是一项重负吗? 顺从教会通常最为严苛,在宗教裁判所风行的西班牙和意大利,这一点最为突出。毫无疑问,所有这些事都是罗马天主教徒所做,而无论如何不是新教徒做的,那些被天主教神职人员误导的君主,试图消灭他们的新教臣民,他们的所作所为不仅违反了正义,而且违反了正当的理性要求。有些人反对说,新教徒并没有完全免除引起国家动乱的罪名,因为他们与外国权力联合;这一反对几乎不值得回答。因为这不是归罪于宗教本身,而是归罪于一些危险的联合和其他的环境,后者经常能证明国家中危险动乱的起因;或者是这样:天主教徒首先开始行动,接着想不到的是,一些新教徒避开了天主教徒反对他们的残酷图谋,努力去抗拒其对手的狂暴;但他们发现自己力量不够时,便向外国君主求助。由于用武力强迫臣民信奉某一宗教是最不正义的,所以被强迫的人们可以正当地用武力保卫自己的宗教,特别是当他们生活在一个政府里、拥有能够保护他们的自由免遭任何侵犯的权利时,更是如此。

53. 关于改革的权利

　　最后值得探究的问题是：当错误和权力滥用逐渐侵入教会，或者存在于教义、道德的说教里，或者存在于教会-政府的关系里，共同体中谁有权力修正这些错误和滥用？换言之，谁有改革的权利？首先，毫无疑问，当神职人员经过劝告，停止滥用权力时，改革就没有理由进行；如同债权人通过传票已经收到债务人的还款后，就应该停止针对债务人的行动。但是，如果神职人员既没有完全拒绝改正，又不时地对停止滥用进行拖延，那就只有两条路可供选择：一是耐心地忍受他们反复无常的情绪，二是国家中受这些滥用损害的某些人，拥有权利和力量控制他们的放肆无度。持第一种观点的人必须证明，神职人员已经由全能的上帝授予了这一无限的权力，可以把甚至是最荒谬的事务强加在基督徒头上，而不会受到人间任何权力的控制；或者说，他们必须论证，基督徒要绝对在信仰上服从神职人员，就此而言，神职人员命令的任何事情，都应该被当作真理，并以所有可以想象的顺从和忍耐来接受。但是，由于支持第一种观点显得过于厚颜无耻，以至于不好去这么做，所以就只能背地里证明，无论是在教义和仪式的问题上，还是在教会-政府关系问题上，神职人员和他们的最高首脑从来没有犯过错。根据几个基督教民族的一致经验，上述论证足以达到相反的效果。我们的观点是，当权力滥用逐渐侵入教会时，也会对共同体或主权者的权力造成损害，此时，主权者凭借其主权权利和特殊权力，有力量清除并改正所有妨碍公共之善和世俗权力的行为。同时也不能否认，在这样的重要时刻，应该让人民便利地了解改革的理由，以免他们对改革感到意外，从而把它当成是会带来危险后果的新奇事务。尤其是当这些滥用侵犯了人民的权利时，改革就更应该在臣民的认可与赞同下进行。有人会反对说，改革会使教会出现分裂。这样的反对无足轻重。因为分裂不是硬加到那些修正错误的人身上，而是针对那些因个人利益或傲慢而顽固拒绝回到正确道路上的人。古代教会历史告诉我们的最为清楚明白的东西就是，被明确宣布犯有错误的人，曾经被驱逐出教会圣餐。把改革的开端建立在良好而合法的根据上，可以免除派系分裂或反叛的指责。因为反叛指的是，通过暴力手段谋求脱离对合法主权者的应有效忠；在没有得到同意或任何神圣授权时强加的权力是非正义的，努力从这种权力滥用中解脱出来的人，更值得被称作自由和良心的保卫者；特别是在滥用和错误危及到他们的灵魂时，尤其如此。由于没有任何教师、监督和教会机构被授予对基督徒随意进行专横统治的绝对权力，因而也没有留下对付非法专横统治的补救手段。当罗马天主教会排斥所有其他不同教派、声称自己对教会拥有全部和完全的所有权时，他们的行为只能被看作厚颜无耻和肆无忌惮。他们要么把自己的教会说成是普世的，要么说成是特别的。根据《圣经》，普世教会要为遍布世界各地的大量全体信徒所理解，他们在这个教会里联合起来，承认一个上帝、一个救世主、一个洗礼、一个信仰和永恒的得救；普世教会只排除那些企图解散这一联合的人，就是说，排除那些否认真正的上帝和他的儿子基督的人，以及那些不认可基督教最根本教义原则的人。真正的天主教会是这样的，而不是教皇靠他的神职人员和仪式、把自己的权力强加给基督教国家形成的。而且，那些以有分量的理由脱离罗马教会的人，确实相信一个真正的洗礼、一个真正的上帝和父亲、一个与《圣经》一致的信仰。很明显，罗马教会不能被看作普世教会；一个基督徒可以成为真正天主教会的成员，尽管他从来没有领受过罗马教会的圣餐，但在正确的意义上，或基于更好的思考,他使自己远离了滥用和错误。天主教应当被看作是一个特别的教会,就像它应当是的那样(尽管如此,但是如果我们阐明其现代建制的基底,就很容易发现,这个教会的全部结构并不是非常适合基督教信众集合的规则,倒不如说更适合一个世俗国家;在一种宗教托词下,那一结构的首要目标是把它的最高统治权扩展到欧洲的最大部分),那些脱离天主教会的人,将不再被算作反叛者,如同现代哲学家不再因为与亚里士多德观点不同而被看作傻子和疯子一样。所有皈依真正信仰的信徒,就他们的首领是耶稣基督而论,地位都是平等的,谋求的目标都是相同的。基督就曾经向所有的信徒保证过:哪里有两三个人奉他的名聚会,哪里就有他在他们中间。[20] 没有教会能够以信徒的数量为由,要求任何特权。罗马的人[202]为自己根据使徒信经(古代基督教信仰纲要之一。——译者注)提出的东西,充满了荒诞不经之处,从下述文字看出,它实在是自相矛盾:"我信一个圣地、天主教以及使徒的教会。"这里,他们哄骗我们相信这些话的意思是:尘世上只有一个真正的教会,它就是罗马天主教会,除此以外,别无其他;我看不出从这样的话里可以产生出什么对他们有利的影响。况且,如果理性、《圣经》和经验自身都无法充分使我们相信相反的效果,那么这句话里各个词汇的确切含义也与上述解释存在矛盾。尘世上只有一个教会,那里只有一个上帝、一个基督、一个洗礼和一个信仰,这里并没有矛盾;但是,关于这一点却可能产生很多错误和滥用。天主教方面没有理由自夸为特别的神圣者,尤其是在他们与新教徒有分歧的事务上。"天主教徒"这一词汇,在这里与一种教义而不是一个主权国家相关,天主教徒的权力在整个基督教国家是普遍的,因而其教会被称作天主教会,天主教会包含了教义中每一个具体问题的真实意义,如同在《圣经》里提出的那样;而被叫作"异教徒"的人,只是遵守了《圣经》中一些特殊的观点(那些完全拒绝了《圣经》的人,则被看作没有宗教信仰的人和遭上帝抛弃的人)。而对于其他内容,要么否认,要么错

---

[20] 《马太福音》18:20。
[202] 指罗马天主教徒。——英文本编者注。

解或歪曲其含义。因此,在没有合乎逻辑地证明其信仰的每一点都出自《圣经》之前,天主教神职人员如何能够臆断天主教会的资格和权利? 在没有证明新教徒的教义与之矛盾的情况下,又如何能够剥夺我们的资格和权利? 最后,只有建立在使徒教义基础上的教会,才能被称作使徒的教会。真正的教会无论是由使徒建立的,还是基于由其他人传来的使徒教义,都不会丝毫丧失其固有的内在价值。

54. 在没有主权者同意的情况下，臣民是否可以从一个错误的宗教里分离出来

当主权者和臣民都同意时，对宗教进行改革难度不是很大；接下来要问的是，在主权者、全体神职人员、或至少是大部分神职人员没有认识到他们的错误，仍然在试图继续错误的情况下，臣民是否可以谋求改革？对此，我们的观点是，如果这些错误触及了我们信仰的根本问题，如果一些臣民得到了上帝的仁爱、藉着上帝神圣的精神之光而获得了真正的见识，那么他们可以从那个教会中分离出去，而不必得到主权者或神职人员的同意。因为每个人都需要向上帝解释他的宗教信仰，并且要为自己的灵魂负责，他的得救绝对不可能交托给任何其他人；一个基督徒在关于信仰的事务上，并不总是依赖于他的主权者或神职人员（至少在神职人员的教导与《圣经》不一致的情况下不用依赖）。不可否认，臣民可以从主权者和神职人员参加和主持的教会里分离出去，只要他们能清楚地证明，那个教会感染了大量的权力滥用和危险错误。因为教会是一个社团，其成员不是靠任何世俗权力固定于其中，而是以信仰结合的联盟；离开教会的人，就拆开了信徒之间神圣的纽带。除此以外，由大量成员组成的教会并不是我们得救所绝对必需的，教会里信徒人数或多或少都是可以的。离开教会也不会对

主权权力造成丝毫损害，相反可以设想，离开教会的人会皈依真正纯洁的福音教义，免受任何毒害，也免除了所有对政府危险或有害的原则。因为公民社会不是为宗教目的而建立的，基督的教会也没有分享世俗国家的性质；一位信奉基督教信仰的君主并没有因此而获得对教会或人的良心的绝对主权。于是，尽管有了分离行动，但是臣民在世俗事务上仍然应该效忠他们的君主，君主也没有充足的理由可以仅仅因为其信仰的问题而为难臣民。臣民与君主的宗教信仰一致或是不同，对于君主来说有什么损失吗？或者（前面已经假设过），是否臣民要像君主那样固执于同样的错误？当然，如果臣民想要脱离对君主的效忠、根据他们自己的同意去建立一个分离的社会，那么情况确实就会截然不同；尽管不能否认，在某些必要的情况下，这些世俗纽带或效忠可以被解开，如在强有力的敌人的严峻压力下，臣民因从其自然的君主那里得不到足够的保护，因而被迫顺从那一敌人的权力。尽管主权者被授予的对教会的权力比他实行的还要多，但是臣民也必须照管自己的灵魂，灵魂的得救优先于所有其他事，在这一点上，如果确信国教有错误，他们可以脱离国教。为君主牺牲了性命的臣民，无疑是光荣的；但是如果君主期望臣民为了他而把自己的灵魂牺牲给魔鬼，这样的君主就荒谬得毫无理智可言。因此，君主没有其他理由、仅仅是因为与自己的观点不一致而难为其有信仰的臣民（尤其是臣民的观点可以从《圣经》得到支持时），就是不正义的行为。不仅如此，我还无法料想，君主如何能够强迫这样的臣民离开他的领土，而不违背正义。确实，君主可以拒绝异教徒接受他的统治，除非是基于国家的理由；一个真正的信徒也不会因为不被允许在异教徒统治的共同体生活而见怪。接收入籍的权利属于主权者，他们可以在认为合适时决定拒绝和接收的人选。但是，仅仅因为臣民的宗教信仰原因，在没有证据宣布他有错误的情况下，强迫一个生来便是其天然臣民、所有身家财产都在共同体的人离开他土生土长的家园，从而给他和他的家庭造成巨大的伤害和危险，这当然是世界上最不正义的事情了。如果一个臣民想要自愿离开他的家园，并根据其良心更自由地为上帝服务，不管这样做是为了避开其君主的不满,还是出于神职人员和普通百姓的怨恨,都不应该被他的主权者拒绝。我记得德国人有一句谚语:"领导国家的人,也领导宗教。"但是这句谚语并不能用到罗马天主教的君主身上,他们不可能对此有任何要求,因为很清楚,天主教神职人员不允许君主们有这样的要求;至于德国新教集团所关心的,则无需否认,他们在宗教改革时期曾利用这个借口反对过皇帝;他们否认皇帝有权干涉与他们自己的领地有关的事务,因为他们声称,向臣民强加某种宗教(尽管强加信仰从来都是错误的)属于主权权利的范围;尽管如此,并不缺乏这样的例子,证明君主与其臣民像这条谚语说的那样信仰一致。君主仅仅因为宗教观点而为难其有信仰的臣民,就是犯了严重的错误;没有任何基督教君主有责任用暴力手段传播他的宗教;如果他的臣民能坚定地对他效忠,他就不应该具体为臣民的宗教负责。观察到这一点无法不令人惊讶:在过去和我们的时代,都有一些君主,从本性上看并不倾向于采取残暴手段,而且在其他方面不乏大量证据表明他们的宽厚,却如何受到诱使,仅仅基于宗教观点就对他们的臣民进行了最可怕的迫害。不过,当《圣经》里说:"地上有权势的君王与巴比伦的淫妇行淫"283时,其实已经预言了将伴随着基督教会的这种结果。谁会无知地认为,勇武的男子经常去做那些最野蛮的事,仅仅是为了取悦他们的淫妇? 因此,所有真正的基督徒应该英勇无畏地反对这些反基督者的威胁与进攻,把剩下的事交给神圣的天意去定夺。那些挣脱了天主教奴役枷锁的君主和国家,如果能够严肃地反思和他们同样的新教徒怎样受到迫害,怎样遭受残暴手段的折磨,那么毫无疑问,即使没有我的忠告,也将会采取最为合适的措施,保护他们避开如此迫近的危险。

283　《启示录》18:3。

附　录

　　下述文字是普芬道夫根据安德瑞·豪杜（Adrian Houtuyn）[204]《政治梗概》（*A Political Epitomy*。Epitomy 似应为 Epitome。——译者注）一书的部分段落写的评论。该书论述了主权者在教会事务上的权力，与前面的论文有非常密切的关系，因而作为附录刊发于此。

　　这是一个极为重要的问题，如果正确地决断，将普遍有利于人类，这个问题是：一个国家里，教会事务上的权力将交给什么人，并处于什么样的限制之下？如果"选择中间道路的人一般是最成功的人"这句古老的谚语还没有失去效力，那么可以不用怀疑地把它用在这个问题上；这里，两个极端是同等危险的，因为那样的话，臣民的良心就会留给罗马教皇或他们主权者的武断随意去处置。在过去和我们的时代，都不缺乏这样的情况：以学识著称的人通过认真充分的论证反对前一个极端的暴政；而我们可以合情合理地注意到，由于我们逃离了锡拉岩礁（Scylla），我们就可能不被卡律布狄斯大漩涡（Charybdis，锡拉岩礁位于意大利墨西拿海峡上，对面是卡律布狄斯大漩涡，"处于锡拉岩礁和卡律布狄斯大漩涡之间"，表示腹背受敌。——译者注）吞没。因

----

[204]　参见英文本编者导言第五部分。——英文本编者注

为在正确的意义上，人们很少会去否认，主权权力或者源自上帝，或者源自人民的普遍同意；所以理解这一权力在国家中受到多大程度的限制对君主和臣民都有利；君主的权力不可以超越它们的正当边界，否则君主就不是臣民的保护人，而成为他们最危险的敌人。安德瑞·豪杜是荷兰的一位民法学家，他在一篇题为"政治梗概"的论文中，塞入了一些倾向于两个极端中后者的断言，稍后将会看到，由一些法学博士推荐的这本书，将给年轻学生造成很大危害；我想就这本书的第 63 页及以后的部分做一个评论，应该不会不妥当；因为这些部分会成为年轻人的指导，在断言主权者特权的幌子下，把他们误导入两个极端中的后一个极端，并把那些应该由上帝自己保存的特殊权力归到君主名下，从而无可挽回地挥霍掉他们自己的自由和财产。

在第 63 页，作者讲到君主的特殊权力时，这样说："他在所有外在的、教会的事务上具有不受控制的权力，这不是由《圣经》决定的。"他这样断言的理由是，主权者的权力是在臣民把他们的生命和财产交托给主权者的同时被授予的。但还是应该考虑，属于宗教崇信外在实践的特定事务与内心部分具有如此紧密的联系，以至于如果外在实践不能与其不可分离的纽带相符合，则内心部分也必然要进行调整，从而无法与其本质保持一致。由于豪杜先生没有把内心部分交托给主权者，那么考虑到宗教事务内外之间的紧密联系，如何能使外在的崇信仅仅服从于主权者的意愿？除了这一"普遍的服从"以外，他还承认有一种限制，与公民社会建立的目的有关，这一目的就是：相互保卫以反对暴力。这里很清楚，确实有一些属于每一个个人的事务，它们来自于自然的自由状态，并没有完全交托给主权者去处置，至少，在与达到公民社会目的无关的范围内是如此。宗教与公民社会建立的目的无关，因而不能想象，臣民会把他们的宗教信仰交托给主权者的专横意愿。况且也不可否认，臣民可以凭借一种固有的权利采取属于他们的行动，这一固有权利来自自然的自由状态，并独立于主权者；这就可以合理地推论出：臣民之所以把他们的宗教信仰事务交托给主权者，是因为君主和臣民信仰同一个宗教；交托给主权者的宗教崇信外在实践事务,不会超出那些与宗教崇信内心部分无关紧要的部分。关于"维持良好秩序,避免混乱"所声称的,根据观察,并不是公民社会建立的主要目的,也和公民社会的建立无关,而只是对维护公共安宁发挥了作用。

N.2部分。我们看到,神职人员在某些方面隶属于世俗权力的管辖,并不能使宗教也处于同样的服从地位。下述文字应该受到关注:"一位基督教君主命令作为一个社团的教会,他在共同体中代表一个单独的个人。教会是一个公民的社团或法人团体,它是建立在公共权威和权力基础之上的,所以应该与其他社团和法人团体处于同样的条件下;在这个意义上,国王在他的领土内也是教会的首脑。"人们如果思考过教会和共同体的实在区别,就必然能发现这里的错误与所用的词汇一样多。当然,君主在一个共同体拥有主权意义上的管辖权,这个共同体也包含了基督徒臣民;但是不能由此推断出,他可以在同等程度上对教会行使主权,就像对共同体行使的一样;也不能在同样的意义上说,他可以被称作"教会的最高首脑,就像共同体的最高首脑一样"。确实,教会是一个社团,但不是一个建立在公共权威上的法人团体,教会的源头在于更高的原则,不像其他社团那样依赖于国家。《提多书》2:9,《歌罗西书》3:20,《罗马书》13:3、4,《彼得前书》2:14各节所说的,被奇怪地歪曲为教会事务依赖于主权者的绝对意愿。接下来的部分也非常值得批评,如果这没有超出我们当前论述的范围。

N.13部分。"作为对教会事务主权权力的后果",豪杜先生给他们安上了"牧师"、"执事"、"上帝的传令官"、"监督"、"神职人员"和"使徒"等头衔,这是一个严重的错误。请问,这些头衔有什么权威依据?又是在什么意义上说的? 主权者的责任给予了他们下面的头衔,他们"既是十诫书的守护者,同时又是教会的养父和保卫者",这一表述与豪杜先生旁敲侧击的东西具有极为不同的性质。如果像上帝说的那样,不应排除教会的其他成员而把教会事务完全交由神职人员决定,那么对教会事务的裁决如何又能单单属于主权者,而不允许教会的其他成员分享?

第 64 页上说："每位主权者可以在他的领土上建立他所喜欢的宗教"，这句话在进行严肃的修正之前不能被放过。豪杜先生这样说的理由琐碎得无足轻重："因为所有公共行动和宗教外在行动都要依靠公共权力"。那么豪杜先生，你是否这样认为：君主可以按照自己的喜好向臣民强加某种宗教信仰，并凭借他们的绝对权力把它定为国教，所有不信这个宗教的人，如果不顺从，真的，只好逃到国外去了？"他所喜欢的宗教"，这是你说的！异教的、假的、虚构的、迷信的，都无关紧要。请问，这是从主权者那里来的权力吗？自然，这也不是从上帝那里来的权力，除非你能够给我们找出神的权威来证明它。这也不是来自建立公民社会的普遍同意的权力，因为共同体不是为宗教目的而建立的，建立的时间也稍晚；此外，要达到建立公民社会的目的，这样一种权力也不是必需的。这也不是来自某一个人单纯好恶的权力，尽管在自由的自然状态下，人们可以遵奉他所愿意遵奉的宗教，但却不能据此推论出，他可以把自己的宗教信仰强加给别人。豪杜先生在"内在宗教"和"外在宗教"之间作的区分，也必须非常谨慎地对待，以免使一些人相信，只要一个人符合内在宗教的要求，外在遵奉宗教的表现就是无关紧要的。况且，认为所有公共行动（即共同体中公开进行的所有事情）的源头都来自主权权力，绝对是一个错误；臣民公开做的许多事情，有的仅仅依赖于他们在自由的自然状态下的自由，有的来自上帝的命令，还有的则源于由全能的上帝所赋予的特定权力。

所有外在行动都依赖于世俗权力的说法，也是错误的。根据豪杜先生的观点，理解为一种特定形式的上帝教导和信仰声明，也被看作这样的"外在行动"。当豪杜先生声称从这里推断出结果来时，他就错上加错了；主权者有权关注的问题是，他们的臣民能否得到良好的指导，从而知道该从上帝那里得到什么样的观点作为正义的支架；他们因而有权利处理启示宗教（用一种武断的方式），并把任何自称有神启内容的宗教宣布为共同体的国教。当他断言"被一个国家定为国教的任何宗教，尽管可能自身有极多的错误，但却有助于共同体的公共安宁"时，他的错误就更严重了。当然，一个在某些方面存在缺陷的宗教,仍然有可能引导人们走上得救之路;但是,如果该宗教包含了关于上帝及其象征的错误的教义,那么就不能引导人们得救。建立在错误观点上的公共安宁将是不稳固的,凭借正确的教义可以更容易或至少同样方便地达到公共安宁;尤其是考虑到,尽管冒名顶替的教义可能会诱骗许多头脑轻率的人,但是对有良好理解力的人们来说,它就不能滥竽充数了。我们要请豪杜先生原谅,当他想要说服我们相信,信仰——他喜欢叫作“每个人独立于世俗权力的私人宗教”——不会因为人遵奉另一个由主权权力确立的宗教而受损时,我们就要怀疑他的权威性;而他留给世俗统治者去自由裁决的事情是:在所有的宗教中,他们愿意在自己的领土上确立哪个为国教,就可以这样做,而不管这些宗教是日本人的、婆罗门的、穆罕默德的、犹太人的,或是基督徒的;在所有那些伪称是基督教的东西中间,这一个可能与他们自己的幻想最为一致。罗马教皇自认为是基督教王国关于基督教信仰方面的大公断人,这对基督教王国的大部分来说都是一件无法忍受的事;尽管他的托词止步于在世界上强行确立一种宗教——他知道这最有可能求助于他的优越地位,但是现在看上去上帝高兴让主权者获得随意确立国教的权力;毫无疑问,尽管许多宗教之间没有丝毫的关系,但主权者可以用同样的权利、在不同的时间宣布许多不同的国教,不仅如此,甚至可以宣布那些相互抵触的宗教为国教,而一经宣布,它们中的每一个都不得不被接受为真正的宗教。接下来的结果就是,当主权者拥有保卫和改变国教的权利、并要惩罚那些冒犯国教的人时,君主信奉和维持一个宗教的权利就不复存在了,因为他的继承者能够以同样的权利,废除前面确立的宗教,并且惩罚信奉它的臣民。于是,根据豪杜先生的福音教义,建立国教的基础是同样的一些规章,它们可以由主权者随意颁布和废除。

在第 65 页,豪杜先生没有任何限制地把选立福音执事的权力交给了君主,就像是选立国家的大臣一样。但是在犹太人的共同体里,根据上帝的制度设定的规范,并没有把这样的权力交给他们的王。使徒是迄今级别最高的教师,他们教导的权力也不是从任何世俗主权者手里得到的。同样也不能证明，教会在主权者刚刚信奉基督教的时候，就毫无限制地把选立福音执事的权力转交给君主；尽管同时不能否认，主权者在这一权力中有相当的份额。豪杜先生论述说："父母应该关心他们子女的得救"，但是这并不能推出他想要证明的东西，就是说，"君主作为共同体公众的父亲，有职权为臣民规划永恒的得救"。除了这些，"共同体之父"的头衔是一个隐喻式的表述，但父亲和国王的职责来自于完全不同的原则，照顾年幼子女又具有另一性质，据此，应该保障全体人民的安全；主权者也没有被授予能确保臣民永恒得救的最高权力，因为上帝已经为这个目的提出了其他的方式和手段。不可否认，在不超出其应有边界的范围内，君主不能不顾及臣民得救的关切；但是，他只能用《圣经》赞成的方式去影响臣民的得救，并与基督教的真正精神相吻合。因此，授予主权者随意向臣民强加宗教的权力是轻慢不敬的行为。不用问，并不是所有宗教都有助于永恒的得救，因此信徒的父亲亚伯拉罕就把他认为最合适的宗教强加给了他的子女，但是他也指示他们，要根据《圣经》说的，走在主的路上。圣保罗在《提摩太前书》2:2节说的话，就非常值得注意。他的意思是，最高统治者的主要关切是，统治其臣民，使他们在其统治下诚实而虔敬地生活；这才是通向永恒得救的道路。可以看到，那些君主，都是异教徒，而且几乎不重视基督徒的虔诚，但是使徒仍然吩咐基督徒为他们祷告；因为对于基督徒来说，在这些君主保护下能享有公共安宁的共同好处，就已经足够了，余下的事情就留给基督徒自己了。于是我们才会读到，由于奥古斯都·凯撒（Augustus Caesar）的保护，诗人享受着其诗才的灵光，尽管这位皇帝并没有关心诗歌的规则。豪杜先生说："当臣民也信仰基督教时，共同体和教会在基督教君主治下都是一回事，唯一的不同在于——在共同体他们被看作臣民，在教会被看作信徒。"他这样的论证非常粗疏。臣民和信徒的区分源于道德条件的不同，包含着不同的义务，并且建立在另一种合法的原则上；而豪杜先生竟好像认为这样的区别没有什么重要意义。需要承认，当首脑根据拥有的权利和权力在其自然本性上无甚区别时，其余成员，尽管在不同条件下仍然被认为是有区别的,也可以被看作一个并且是同样的社会。例如,如果一位君主在远征中担任所有臣民的首领,那么,尽管他们可以被看作士兵或臣民,但在关键问题上却毫无区别;又如,当以色列人在约书亚的指挥下进行远征时,接下来的事情就与前面的差不多了:在他的保护下,以色列人在迦南的土地上安居乐业。但是教会和共同体尽管由相同的人组成,但是它们不仅在其基础上有区别,而且主权者作为国家的最高统治者,也不能以同样的方式要求成为教会最高首脑的权利和资格。因为在国家里,主权者权力的行使没有受到控制,他不用服从任何人;但教会的首脑是基督,他用讲的话来统治教会,教会的教师则把他的话向我们宣布;因此,主权者不能要求在教会中代理基督的权利。另一方面,基督说"天上和地下的所有权力都给了他",[206]但是他没有说,世俗社会的首脑以同样的方式成为教会的首脑。豪杜先生接着说:"当整个共同体不是由基督徒组成,教会就是共同体中信徒的聚合。"但是,就算所有的臣民都是基督徒,教会也不过是共同体内部的一个社团。他声称教会有时候可以和共同体一样对待,这绝对说错了。《使徒行传》14:23 节的单词" $\kappa \alpha \tau' \varepsilon \kappa \kappa \lambda \eta \sigma \iota \alpha \nu$ "和《提多书》1:5 节的单词" $\kappa \alpha \tau \alpha \pi \delta \lambda \iota \nu$ "不是同义词,后者的意思是:在全部有基督教教会的城镇和城市。豪杜先生从一个政府的军事职能和司法管理方面得出的推论,也没有什么用处;因为这两方面的权力都是达到建立公民社会目的的自然结果,在教会里没有对应物;主权者被授予了战争和正义之剑,而没有被授予宣讲福音的牧师职能。因此,从属于君主职权的是将军和法官,而不是福音执事,后者不是君主和国家的合适大臣,而是基督和教会的大臣。豪杜先生进一步说:"分派执事的职能不属于宗教的内在部分。"但如果信仰从听到的东西而来,那么在得不到指导的情况下,没有人会信;不可否认,宣讲福音的人在宗教的内在部分有其地位,他们被看作是帮助福音、进而是帮助信仰传递给听众的工具。但是当豪杜先生说"他们有同样的权力"、从而宣称主权者有

---

[206] 《马太福音》16:19。

权力选立执事时,他确实错了。没有立誓信仰基督教的君主,可能会统治基督教臣民,并允许他们自由从事宗教活动,但是并没有丝毫对教会的权力,也不是教会的成员。但他认为在君主成为基督徒后,执事的使命就不再依赖于教会了,他的原话是:"当一个人服从于另一个管辖权时,就不再处于他自己的支配下了",这话也不对。因为君主通过成为教会的一员,并不能使他变成教会的主人,而只是承认服从教会的首脑——基督;同样也不会侵犯他所有的权利,而只会要求作为教会成员的应有份额,除非某一教会在其权力范围内,自愿把它的权利交给主权者。我看不到任何理由可以解释为什么教会不可以在基督教主权者的保护下,"就像共同体内的个人","并由此通过多数投票来行动和作决定,这意味着一种至少得到同意的权力"。有一种方法可以区别国家或共同体和像社团这样比较杂乱的人群,那就是,后者没有理由要求强制性的主权权力。可以通过一个例子来说明这一点:设想共同体内有一个特定的社团或商人的行会,它们在一些成员的指导下,根据自己的规章管理调节。君主可以被接收为这些社团的成员,只要他尽他那一份的责任。通过称为行会的成员,君主并不能获得对行会的绝对处置权;相反却要使他自己适应行会的规章,他也不能要求任何特权,其权力只能与他在其中的份额相应,或者来自于免费的赠与和其他成员的自愿认可;作为社团的成员,他不应该被看作君主,而应被看作商人。然而,这里还有一个显著的不同,即主权者的权力会妨碍这样一个社团的建立,但在教会中却不是这样。当他说出下面一段话时,豪杜先生显然暴露了他的无知:"教会被看作是许多人的聚合,它在君主这个个人身上得到了理解;这样君主就代表了人民,就像一个公共的个人,全体人民通过他表达他们的意见。"尽管这可以适用于共同体,但教会的情况极为不同。不可否认,在国家中拥有主权权力的人可以制定颁布他认为最合适的法律,但要是认为主权者对教会也有这样的权力,就简直是疯了,并且还有亵渎上帝的意味。设想一下,假如君主一个人被误导入这样的错误或异端邪说,难道就此必须要把整个教会都看作是陷入谬误和异端邪说的吗?除非豪杜先生同时让我们相信，主权者永远也不会犯错。在执事的选举独立于君主的地方，可以把这一过程看成是教会转让给执事的权利；在这一选举由监督或长老管理的地方，也可以作同样的理解。但是假如选举由整个教会掌握，那么说它是凭借君主授予的特殊权力才进行，就是荒谬的本末倒置了。豪杜先生在前面说过："牧师的职能不能成为任何特定个人的附属品，也不依赖于世俗统治，而是由基督设立的。"然而在第 66 页，他却声称："对执事职能事实上的管理属于外在的公共行为，是服从于世俗权力的。"实际上，他好像在说，婚姻关系是神的制度，但它却依赖于君主，而不论君主是否真的允许他的臣民结婚。设想一下，假如主权者决心禁止执事职能古老的履行方式，那么牧师或执事的职能将会变成什么样子？豪杜先生接着说："选举是自愿的行动，因而可以随意撤销。"这种说法简直无法忍受。事实是，如果这样做，将不能不对执事的名誉造成损害。

在第 67 页，他否定了"尼布贾尼撒（Nebuchadonosor，巴比伦国王。——译者注）有合法的权力"处死拒绝崇拜大塑像的人，这一塑像是他命令建造的。这样，君主违反《圣经》表达出来的命令而向臣民施加的惩罚，就不能显示出合法权威，而只会成为一个敌对而暴虐的法令。当亚哈王在合法程序的借口下，用教唆得来的伪证[206]，拿到了拿伯的葡萄园时，展示的就不是他的合法管辖权，其行为就像是一个监护人对交给他监护的未成年人实施了强奸。但是，（他又认为）当同一个尼布贾尼撒颁布了"不许亵渎犹太人的上帝"的法令时，毫无疑问，他做了完全与其高位相符的事情。他接着说，彼得、约翰、司提反、保罗，不仅如此，甚至我们的救世主本人，都曾在犹太教公会前，在菲利克斯（Felix）、菲斯特斯（Festus）、恺撒（Caesar）和彼拉多（Pilate，下令把耶稣钉死在十字架上的罗马犹太巡抚。——译者注）面前出现，毫无例外都没有反对他们管辖权的合法性。还有比这种说法更错误百出的吗？当彼得和约翰当面告诉公会的人，他们不会听从不许他们奉耶稣

---

⑳ 《列王记上》21:2 节以下。

的名宣教的命令时,能说他们根据基督教教义承认犹太教公会的管辖权了吗?[207]当司提反对公会的人说"你们这心与耳未受割礼的人,常时抗拒圣灵"时(《使徒行传》7:51。——译者注),他承认犹太教公会的管辖权了吗?保罗和无数的殉难者因为没有其他可以上诉的法庭,所以被迫出现在那些君主和世俗统治者的面前,努力想证明自己的清白,这不能证明他们承认了那些人的管辖权;在那时,一个人承认自己是基督徒,就被看作犯了死罪。他们的所有辩护可以归纳为两点:一是否认对他们犯罪的指控,认为那是诽谤;二是彻底声明信仰基督教并不依赖于世俗管辖权。那些赦免对这一真理坦白之人的统治者,事实上做出了如下宣判:"这是一项不属于他们管辖的事业。"因此,我很奇怪,自称是律师的豪杜先生,在彼拉多那被看作公开抢劫和"黑暗掌权"[208]的行为中,如何能找到任何与合法程序有丝毫相近的东西——在彼拉多的全部程序中,没有一步与合法程序搭界。很明显,当宗教事务处于争议中时,合法程序的正确手段和审判秩序已经被不断地违反了一千遍,以至于再在这里举例说明就纯属多余了。当主权者惩罚或斥责教会里滥用职权、或有错误的牧师或执事时,其权力不是来自世俗管辖权,而是来自教会转托给主权者的权利。但那些受到世俗权力惩罚的人,由于"他们用那些乱七八糟煽动性的演说和布道,挑拨人们反叛主权者,或企图使他们的听众脱离并对抗合法管辖的权力",所以不能说他们是因为基督教而受惩罚的。况且,合适地说,教会要求任何管辖权也是错的。观点错误的还有,属于每一个教会的安排和行使那些职能的权力,就其公共后果而言,也是一项世俗行动。豪杜先生由于混淆了共同体和教会,所以陷入了这些错误。如果这二者不能被很好地区分开来,如果我们听任教会让世俗权力整个吞噬掉,那么我们挣脱了天主教的枷锁后,又得到了什么呢?因为,如果所有的教会事务毫无例外都留给主权者去专断地安排,那么教会的处境就不可能变得更好;而为了支持他自己的发明,豪杜先生不惜站在理性和《圣

---

[207] 《使徒行传》4:19、20。

[208] 《路加福音》22:53。

经》本身的对立面:"一种精神上的善,或人民永恒的福利,是主权者权力的主要目的和责任。"凭借这样的观点,豪杜先生的君主可以公开强迫其臣民奉行他愿意强加给他们的任何宗教,而不管这样做会多么严重的违背臣民的意见。要一个人把他的观点藏在心里,还是可以容忍的,但是要他被迫服从与其想法截然矛盾的东西,则是令人憎恶和无法忍受的。康斯坦丁大帝(Constantine the Great)的名言,得到了豪杜先生的高度赞颂,但这话却与他自己的论断矛盾。康斯坦丁大帝说,他所希求的,就是所有他的臣民都成为基督徒,但他却不能强迫任何人。这位皇帝不仅从未企图迫使任何人背离自己的观点(这事实上超出了他的权力),而且从未强制他的臣民违背自己的性格倾向去奉行基督教。而我们的作者在他关于文字的论述中也没有自相矛盾,在他把它们可能交给世俗管辖权之前,他免除了对它们的世俗管辖权。他说:"如果我们的信仰通过文字表达,那么我们主权者将知晓什么?它不应该被看作是一种罪,而应被看作是一种错误,要改正它,不需要惩罚(这会启发我们的心灵),而需要好的指导。"但那些知道共同体和教会、也就是国家和一个社团之间真实区别的人,可能用不了多少困难,就能解答豪杜先生开始关注的君主对教会的管辖权和立法权这些棘手的问题。

在第 69 页。不用问,主权者拥有一项权利,赋予他认为对国家有利的规章以法律的权威和效力;根据世俗司法系统法庭应用的法律判决,他们也有权决定什么行为需要惩罚,而什么行为可以留待每一个臣民的良心裁决。但如果把赋予预言公共权威的权利也交给主权者,则变得荒唐了;无论是固有的还是历史的信仰,都不依赖于世俗管辖权;世俗管辖权的力量可以使臣民被迫行动,但不能使他们被迫去相信。这里很清楚,如果某一预言显示出来自上帝,则它不能接收任何君主权力的附加物,此时君主至多能宣称西塞罗(Cicero)是一位好的拉丁文作者。但如果面对一个充满野心或假话的伪造的预言时,君主还要说服自己用他的权力去使这个伪预言普遍被当作真理接受,那么他就会被认为是发疯了;大体上,豪杜先生关于《新约》旁敲侧击说的话,就具有同样的特征。他说:"依靠公共权威确立(关于《新约》的)教义的权力不属于基督和他的使徒,正是由于这个原因,教义一直处于私人传播的范围内,直到有一天,当君主接受了基督教信仰,并给予基督教公共的权威和法律的力量时,情况才改变。"但是基督的规条和教义不能接受来自世俗权力的任何附加力量,因为世俗权力依靠世俗惩罚建立与提升,而与基督教的精神相对立;人们若是仅仅出于对世俗惩罚的担忧,就只会在表面上显示出对教义的奉行,实际上既不会依据基督意愿去做,也不会满足基督的意愿。

对第 70 页的内容也可以做同样的回答。《圣经》和基督教教义的权威不是来自于世俗管辖权,无论世俗权力作出怎样的抵制,基督教教义还是通过上帝特殊的帮助被引入政府;因此主权权力就不能决定《圣经》里有歧义和引起争议段落的解释,这一权力不属于君主,只属于整个教会或经教会授权的人或机构;与此同时,作为教会的一名主要成员,君主在解决争议中也有其责任,不能被排除在外。豪杜先生说:"基督本人毫无疑问有权力引进新的律法,他必然需要解释这一法律的权利。但是,在逗留于此地的时候,他生活于那些出于无知或不服从而不承认基督的人中间,因而教义只能进行私下传播,受制于世俗权力;很明显,基督的律法、教义以及对它们的解释,确实从世俗体制中获得了其道义上的强制力量和公开的权威。"是这么回事吗?作为上帝和人之间中保的基督,其职责竟也是依赖于世俗管辖权。而作出下面的论断已经是惊人的荒诞了:"基督的教义从世俗权力那里获得其公开权威,在那些人中间,谁会否认基督?接下来的事就是:如果在基督的时代,君主已经成了基督徒,他们就会承认基督代表真正的上帝,是上帝的儿子,就会服从基督的裁决;因此,基督也会因他们的服从而把对基督教教义的解释归结到他们那里。"让这些甚至违反常识的谎言见鬼去吧。豪杜先生可能还会说,上帝对我们众生的权力要到君主对上帝的顺从那里去找源头;只要君主们认为脱离这种服从是合适的,那么全能的上帝(讲到这一点我不能不充满恐惧)就必须退回为一个私人个体。

在接下来的论断中,豪杜先生已经完全失去理智了,他甚至给予了异教君主决定基督教有争议观点的权利,这就像让一个盲人去胜任判断不同颜色的工作一样。当早期基督徒被迫出现在异教法官面前时,并不是为了解释《圣经》;基督徒从来不会犯这么严重的错误,以至于向一个不信的人去咨询关于信仰问题的有争议观点。但是,当基督徒违背自己意愿、被迫出现在异教法官面前,就无法避免接受他们的裁决,这些裁决根据异教法官的喜好做出,没有给基督徒留下拒绝的余地。然而,我们的作者豪杜先生很愿意声称,对教义的解释应该被看作是由公共权威确立的,并至少在外在表现上伴随着道义强制的力量;这样,臣民通过口头的告白而被迫遵守,尽管他们对那一观点极其不以为然,也只好把自己的看法藏在心里。然而,外在的行为和一名基督徒的口头告白,如果与他内心的真实情感不一致,那就与宗教本身没有丝毫关系,我无法明白,基于什么理由,这一异想天开的权力能属于君主,除非给它一个貌似合理的借口,才能去折磨他们那些无辜的臣民。基督肯定没有吩咐用暴力手段传播他的教义;那么,假如由世俗权力确立的规条从来没有符合过真理,用暴力和严厉的惩罚把它们强加给臣民,也不会和基督教的精神一致;但是,假如它们是错的,臣民为此受惩罚就是极为痛苦的,因为他们并不愿意奉行一种错的或虚假的教义。我们的作者触目惊心的论断,只能有助于形成一种史无前例的、最为暴虐的、迫害性的统治,并宣称它是凭借合法权力行使的,除此之外,我实在看不出能得到什么有益的东西。据此,要开脱法国反对新教徒的行为,就不是一件难事;法国的事件已经让所有好人都生活在悲哀和恐惧之中,而豪杜先生显然对此大方地贡献了他的建议和赞助。接下来的话,他真是说得巧舌如簧:"鉴于服从的法令没有遵守,因而强制性的权力是合法的。"一个有常识的人不会看不出,这里含有一个非常明显的矛盾,况且,合法的主权权力和服从主权的责任之间,有着不可分离的关系。豪杜先生被这些细微之处强烈吸引住了,以至于他没有想到,在给了他的主权者绝对的权力、使他们可以基于宗教理由迫害臣民的同时,他就减少了他们否定真正的宗教的权力。但是，除了可以鼓励野心勃勃、飞扬跋扈的君主强迫其臣民做出错误的顺从，或者使他们从来不需要找机会就能随意折磨无辜者以外，能够给出什么理由，说明为什么在另一个人不能遵守的情况下，一个人可以拥有强制性的权力？通过穿着作战靴子的使徒，用暴力方式传播信仰的人，或更确切地说，传播虚假虔诚和迷信的君主，不会满足于压制那些不服从他们宗教观点的臣民，这些臣民甚至不能通过外逃而使自己摆脱迫害（尽管被迫离开祖国仍然是不幸的），他们被君主强迫，公开把那些东西当作真理来奉行，而在心里，他们对此深恶痛绝，认为那是偶像崇拜的、迷信的、虚假的，是那些把宗教作为买卖的人发明出来的。豪杜先生自己也不得不承认，"没有人可以安全地作出关于信仰问题的决定，除非通过自己的判断，他发现这与上帝说的话一致。如果他发现不符合上帝说的话，他就不应该确信自己的决定，以免否认了自己的信仰，作为一个基督徒，否认信仰是最糟糕、最不合宜的事情。"但是，如果否认自己的信仰是一个基督徒最不合适做的事，那么下述行为在结果上也没有什么不同：虽然确信自己的观点和良心，但把相信的作为秘密藏在心里，而不是用语言表达出来，同时还克制住外在的行动。

他交给君主如此无所限制的权力，以至于基督教臣民要么被迫接受屈辱，要么忍受所能发明的最可怕的迫害，什么理由可以支撑这样的论断？第一个发明出这样无所限制权力的人是托马斯·霍布斯先生，他是神学最糟糕的解释者；除了豪杜先生，还没有人花这么大的力气、以同样的厚颜无耻态度来恢复他这方面的观点。让我不胜惊讶的是，做这件事的人生活在一个行为准则与他提出的原则截然相反的国家，其结果就是，他无法合理地就自己的谄媚提出报偿的要求；联合省的议会也没有丝毫可能去要求这种权力；让君主去当教会的执事，并亲自承担牧师的职责，这种情况也不太可能出现；因此，我看不出我们的作者为了什么目的，要代表主权者如此用心地作出这些论断，除非他想用这些幻想让自己高兴；由于年轻人离常识太远，所以这些论断仍然会使他在年轻人中间博得赞赏。目前对豪杜先生的评论就是这些了。

图书在版编目(CIP)数据

就公民社会论宗教的本质与特性/[德]萨缪尔·普芬道夫著；
俞沂暄译. —上海：上海三联书店，2013.1
（思想与社会）
ISBN 978－7－5426－3661－4

Ⅰ.①就…　Ⅱ.①普…②俞…　Ⅲ.①宗教社会学－研究
Ⅳ.①B920

中国版本图书馆 CIP 数据核字(2011)第 198011 号

就公民社会论宗教的本质与特性

著　　者 / [德]萨缪尔·普芬道夫
译　　者 / 俞沂暄

责任编辑 / 黄　韬
装帧设计 / 鲁继德　乃　馨
监　　制 / 李　敏
责任校对 / 张大伟

出版发行 / 上海三联书店
　　　　　 (201199)中国上海市都市路 4855 号 2 座 10 楼
网　　址 / www.sjpc1932.com
邮购电话 / 021－24175971
印　　刷 / 上海叶大印务发展有限公司

版　　次 / 2013 年 1 月第 1 版
印　　次 / 2013 年 1 月第 1 次印刷
开　　本 / 640×960　1/16
字　　数 / 140 千字
印　　张 / 10.5
书　　号 / ISBN 978－7－5426－3661－4/C·399
定　　价 / 28.00 元

告读者,如发现本书有质量问题请与印刷厂联系　012－66019858